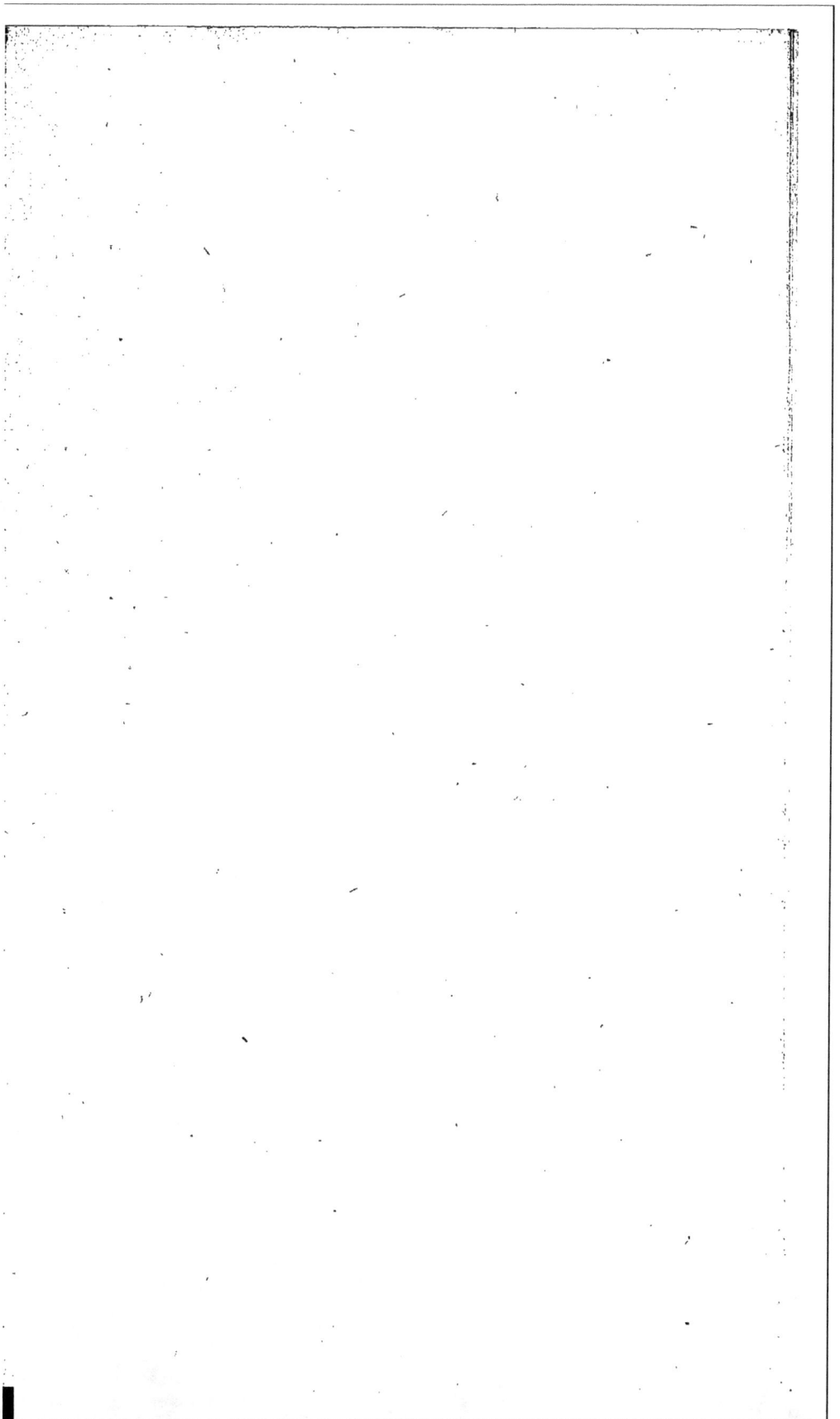

X

25127

GRAMMAIRE DES FAMILLES

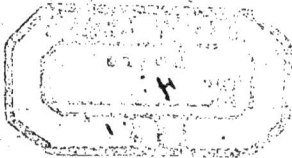

GRAMMAIRE DES FAMILLES

COURS DE GRAMMAIRE

SIMPLES LEÇONS

PAR

Ul. FERMAUD

MEMBRE DU CONSEIL DÉPARTEMENTAL DE LA LOIRE
MEMBRE DE LA COMMISSION D'EXAMEN POUR LE BREVET DE CAPACITÉ

SAINT-ÉTIENNE

IMPRIMERIE DE MONTAGNY

Angle des rues Gérentet et de Lodi.

1870

1871

PRÉFACE

—

Voici une nouvelle grammaire.

La témérité que nous avons de l'offrir au public ne saurait se justifier par cette réclame connue : que « le besoin s'en faisait généralement sentir; » car, malheureusement, cela n'est pas vrai, le besoin d'une grammaire ne se faisait nullement sentir.

Nous serions tenté d'en vouloir à la France, d'être à ce point satisfaite de ce qu'elle a.

On se plaint, et assez haut, de la persistance de certains abus, de certaines doctrines et de certaines méthodes; on est impatient du despotisme, on dit du mal de l'esprit stationnaire; on veut marcher; on demande, à grands cris, le progrès, l'affranchissement, qui en est la condition, les réformes, qui en sont le signe..... et, avec cela, par une incompréhensible contradiction, il est tels abus, tels préjugés, telle routine dont on subit le joug avec une surprenante docilité.

Nous faisons allusion à ce despotisme outrageant des méthodes surannées d'enseignement qui persistent longtemps encore après qu'elles ont été convaincues d'impuissance ou d'erreur et incontestablement dépassées.

De ce nombre est la méthode d'enseignement de la grammaire.

Il nous siérait mal et il serait ingrat de médire à plaisir des hommes patients qui ont étudié le mécanisme des langues et ont essayé d'en montrer les rouages aux gens avides de s'instruire.

Nous rendons un juste hommage à leurs efforts, nous leur savons gré de leurs veilles; mais reconnaissons — et ils le feraient sans doute avec-nous — que leur méthode a vieilli, que leur exposition est laborieuse, qu'il y a bien quelque chose à réformer dans leurs ouvrages, qu'on pourrait et qn'on devrait faire mieux.

Nous avons connu, nous avons subi ces pénibles, ces énervantes kyrielles de règles et d'exceptions apprises par cœur dans la grammaire du bon Lhomond ou dans celle de Noël et Chapsal (profonde, méticuleuse), et presque aussitôt oubliées, parce qu'elles n'avaient prise que sur de jeunes mémoires, parce que nous ne retenions que des mots. Tout le monde, tous les professeurs en particulier, s'en plaignent... Les rajeunissements plus ou moins réussis qu'on a essayé d'en faire, n'ont rien changé à cette impression... et nul n'a le courage de renverser cette idole, et, si quelque patient et laborieux ami de l'enfance, c'est-à-dire du progrès, pris de compassion pour ces petits martyrs d'une méthode, d'un livre, si quelque travailleur bien intentionné, après s'être longtemps consacré dans l'ombre à la tâche modeste et, plus que cela, ingrate, d'améliorer la méthode... si un tel homme paraissait, une grammaire toute nouvelle à la main, on crierait au scandale et on tournerait le dos à ce *novateur*..... Et tels, qui ne se souviennent qu'avec dégoût d'avoir dormi sur les pages assommantes de leur grammaire, sont en train d'y envoyer dormir..... leurs *bien-aimés* enfants.....

Eh bien! la perspective du froid accueil auquel nous devons nous attendre ne nous décourage pas..... Nous avons travaillé dans une bonne intention. Voici notre petit livre... nous l'offrons humblement au public en lui disant avec La Fontaine:

Et, si de t'agréer je n'emporte le prix,
J'aurai du moins l'honneur de l'avoir entrepris.

C'est une erreur de croire que la grammaire régit la langue. C'est le contraire qu'il faudrait dire. Les langues se forment. pour ainsi parler, d'elles-mêmes. Quelques écrivains éminents, qui sont habiles à en tirer parti, semblent les fixer pour un certain temps en laissant sur elles l'empreinte de leur génie..... mais c'est en définitive le goût public, l'usage qui rejette ou qui sanctionne en dernier ressort les innovations qui surviennent, les modifications que les langues sont susceptibles de subir dans leur mécanisme ou dans leur syntaxe.

L'opinion publique qui semble en train de devenir la règle suprême en morale est, en matière de langage, suprême arbitre. Dès qu'elle s'est prononcée, il faut s'incliner. L'humble grammaire vient ensuite, quelquefois longtemps après elle, jouer le rôle modeste de constater ce qui est; et l'orgueilleuse Académie elle-même, fait-elle autre chose que de nous dire : Cela est tel, parce que *l'usage* le veut ainsi.

Il serait facile de le prouver en signalant quelque phénomène actuel de ce genre dont les évolutions successives se passent en quelque sorte sous nos yeux.

D'où vient cette interminable querelle entre les *romantiques* et les *classiques*. Pourquoi ce différend et que prouve-t-il, sinon que, dans le domaine des lettres, comme dans tous les domaines, deux tendances opposées se partagent l'opinion, celle qui se hâte et celle qui au contraire se ralentit. Ni l'une ni l'autre ne le saurait emporter. Au-dessus d'elles, le goût public, qui tient les rênes, modère un peu la première et fouette de temps en temps la seconde... et finalement tout est pour le mieux. Et pendant que le char chemine, on voit, debout sur le strapontin de derrière, un laquais en livrée modeste, qui se tient prêt à descendre à tous les relais et à noter les frais de voyage : c'est la grammaire.

S'il faut descendre à des phénomènes plus ordinaires, contestera-t-on, par exemple, que l'usage soit en voie d'octroyer au neutre *tomber* le droit d'être *actif*. Quelqu'un qui après avoir dit : *J'ai tombé* ma plume, se reprendrait pour dire : *J'ai laissé tomber ma plume,* ne serait-il pas pris pour pédant? Et si, dans la conversation, vous alliez affecter de dire :

Il faudrait que je me le rappelasse,

au lieu de faire l'énorme, la double faute, à combien de pécheurs déjà pardonnée :

Il faudrait que je m'en rappelle,

ne vous prendrait-on pas pour un maître d'école de l'Ariège?

Aujourd'hui on le dit, demain on l'écrira.

Aussi, nous, grammairien d'occasion, et qui n'avons pas l'amour-propre du métier, nous ne craignons pas de le dire :

Le meilleur moyen d'apprendre sa langue est moins la connaissance de la grammaire que la fréquentation d'une société cultivée et bien parlante.

Comme les vices de la prononciation, les mauvaises habitudes de langage, contractées dans nos relations quotidiennes, persistent, même chez ceux qui connaissent le mieux les règles de la langue, quand ils ne fréquentent pas des gens qui ont bien mieux que les règles, nous voulons dire : le bon usage.

Et que penser de ces écoles dans lesquelles les règles sont rigoureusement apprises par cœur pendant la classe et outrageusement violées ou complètement désapprises l'instant d'après, pendant la récréation, dans la cour même où les élèves parlent entre eux je ne sais quel abominable argot.

Non, un livre, un maître même ne remplacera jamais le bon usage. Le bon usage ne s'apprend pas, il se prend par un commerce journalier avec ceux qui possèdent un *droit langage.*

Et cependant, il faut des maîtres, il faut aussi des livres..... Il en faut pour qu'on se rende compte des règles du langage qui se modifie incessamment sans doute, mais qui se modifie selon les lois qui lui sont imposées par son génie propre.

Il faut plus, il faut que le maître, qui a pour lui toutes les ressources de l'exposition vivante, qui peut mettre au service de son enseignement ce qui s'appelle *l'action*, il faut que le maître possède assez sa science pour se passer du livre et en tenir lieu à l'élève; et il faut que le livre, quand il doit suppléer

le maître, expose à son tour, malgré l'infériorité de ses ressources, avec autant d'intimité, de clarté, de vie, que le professeur.....

Le livre, il est vrai, est condamné par sa nature même à ne
jamais atteindre cet idéal. Pour si bien qu'il parle et qu'il sache
se faire entendre, il sera toujours un être muet ; mais l'effort
des vulgarisateurs doit tendre à faire, de leurs livres, de
véritables conférenciers qui *causent*, et même avec un certain
abandon, devant le public vivant, impressionnable, des élèves.

Au rebours donc de ce qu'on dit quelquefois quand on veut
faire l'éloge d'un homme habile à parler : « Cet homme parle
comme un livre, » il faudra dire désormais, quand on voudra
faire l'éloge d'un bon livre d'enseignement :

« Ce livre parle comme un homme. »

C'est ce principe qui nous a guidé dans la rédaction de l'essai
que voici.

Il n'est point fait pour être appris par cœur.

N'est-ce point une honte que, dans un siècle comme le nôtre,
qu'on se plaît souvent à appeler *siècle de lumières,* on ait encore
la barbarie d'obliger de pauvres élèves à apprendre par cœur
les pages arides d'une grammaire.

Apprendre par cœur est rude et difficile, et, quand on impose
cette fatigue à quelqu'un, il faut au moins que ce soit à bon
escient, il faut avoir le sentiment de meubler cette mémoire
qui ne retient que les mots — car c'est le jugement seul qui
retient les choses — de mots dont la forme matérielle elle-
même ne soit pas indifférente ; de phrases dont l'agencement,
l'élévation, l'harmonie ait quelque valeur.

Et que valent, je le demande, et que peuvent valoir les
phrases de nos grammaires ? Peu importe d'ailleurs ici que l'on
retienne les mots ou que l'on puisse les reproduire, pourvu
qu'on ait compris la chose elle-même et qu'on en sache rendre
compte.

Notre livre est fait pour être *lu* ; attentivement, cela va sans dire, ou pour être consulté. Fidèles à notre principe, nous nous sommes efforcé d'en faire, autant que possible, un *maître.*

Il expose, il explique, il discute les choses.

Son titre dit ce qu'il est : *Cours de Grammaire.*

Conçu de cette façon, il a dû gagner beaucoup en clarté.

Plus de dénominations grecques ou latines incomprises, inexpliquées... Tous les termes justifiés ou — ce qui nous est arrivé rarement — rejetés.

Plus de théories ou de règles affirmées seulement, mais l'élève mis en demeure de les déduire et de les formuler lui-même, comme une conclusion naturelle des raisons qu'on lui a données.

Ici, tout se raisonne, tout se motive, jusqu'aux accents, jusqu'aux virgules ; l'élève est toujours censé, quand il parle, traduire sa pensée et, quand il écrit, traduire sa parole.

Ainsi les choses viennent du dedans. Nos remarques, nos conseils sont tirés des entrailles mêmes du sujet. Nous avons impitoyablement banni de cet opuscule tout ce qui est machinal ou artificiel, toutes ces recettes illégitimes qui sont indignes de la science.

Pour être aussi clair, nous étions obligé de nous étendre assez longuement sur chaque sujet, et il y avait là un double écueil : la prolixité et la diffusion. Elles ont été évitées, et la concision en même temps que la précision rendues à l'ouvrage par l'emploi d'un procédé bien simple qui nous remet en mémoire le conseil d'un vieux professeur allemand à ses élèves : Épargnez le temps, épargnez l'argent, *mais* n'épargnez pas... le papier.

Ce procédé consiste à parler aux yeux en même temps qu'à l'esprit, par la disposition typographique qu'on donne à la plupart des sujets traités, ainsi qu'on le reconnaîtra en parcourant l'ouvrage.

De nombreux tableaux, des mots en relief, d'autres renvoyés aux marges... permettent de tout rendre, pour ainsi dire, sensible à l'œil.

Notre position était assez difficile. Il nous était également interdit de trop innover, de crainte d'attirer sur nous les *haros* de la cantonnade et de trop rééditer les grammaires existantes, sans quoi il eût bien mieux valu garder le silence.

Nous avons essayé de tenir un juste milieu prudent entre des innovations prématurées et d'inutiles répétitions.

Aurons-nous réussi? Nous l'ignorons. Voici, dans tous les cas, comment nous avons procédé.

Comme nous supposions que l'élève, lorsqu'il parle, traduit sa pensée, et, lorsqu'il écrit, traduit sa parole, nous avons pris la liberté d'intervertir un peu l'ordre traditionnel et, qu'on nous permette cette expression, de remettre *les bœufs devant la charrue*.

La ponctuation et tout ce qui s'y rattache a repris sa place naturelle, au commencement, immédiatement après l'alphabet lui-même; car on peut ponctuer exactement avant de connaître l'orthographe, et s'orienter ainsi, dans sa propre pensée et par conséquent dans son écriture, dès les premiers pas. Si les maîtres y tenaient l'œil, ils en feraient l'expérience, et verraient que rien n'est plus facile ni plus salutaire.

Puis nous avons longuement insisté sur la distinction des différentes espèces de mots..... et nous tenons que c'est là un point essentiel...

Nous ne saurions dès lors trop recommander qu'on fasse exercer l'élève.

Cela nous a donné lieu de distinguer, rationnellement, les mots *qui ne varient pas...* et dont on s'est débarrassé tout d'abord, de ceux *qui varient* et dont l'étude a été abordée ensuite. Leur tempérament, leurs mœurs ont été étudiés en détail avec autant de lucidité et de concision que possible.

Nous avons, pour les verbes, adopté l'usage des *tableaux synoptiques*, où l'élève se reconnaîtra évidemment beaucoup mieux que dans les conjugaisons des autres grammaires.

Les exceptions tout à fait irrationnelles et les particularités ont été rejetées dans un *appendice*.

Chemin faisant nous avons tâché de montrer combien l'étude des langues mortes facilite celle de la langue française..... et d'éveiller ainsi, dans l'esprit des élèves, le désir de les apprendre: c'est rendre service à notre génération affairée que de la ramener à l'étude des langues anciennes qui ont si bien dit tant et de si belles choses et qui sont les parentes de la nôtre...

C'est pour la même raison que nous avons cité, comme exemple, des morceaux assez longs des classiques, afin d'éveiller chez les enfants le goût des lettres.

Enfin, c'est dans la même intention que nous avons intercalé çà et là quelques détails étrangers à la grammaire proprement dite, mais qui ouvrent de nouveaux horizons devant les yeux des commençants et leur font soupçonner de plus vastes et de plus attrayantes études que celles de la grammaire.

Il semblerait, du moment surtout que nous conseillons si souvent aux élèves de s'exercer, qu'un livre spécial d'*exercices* doive être annexé au présent petit ouvrage.

Ce supplément ne nous paraît pas nécessaire. Le premier livre venu, le *Recueil de Feugères pour les classes élémentaires,* par exemple, peut devenir, entre des mains habiles, un *livre d'exercices* qui n'a pas l'ennuyeux et le décousu des opuscules de ce genre et de ce nom.

Nous pensons bien qu'en prenant cette grammaire pour guide, on ira moins vite, mais on ira plus sûrement.

Ce qui ne s'apprend qu'avec la mémoire s'apprend très-vite, mais s'oublie aisément...; ce qui s'apprend avec la raison, demande d'abord un peu plus de peine; mais, une fois conçu, ou retient ou se retrouve toujours.

Ulysse FERMAUD.

COURS DE GRAMMAIRE

§ 1. — Rien n'est plus utile, ni plus distingué que de savoir bien parler sa langue et de l'écrire comme il faut.

Mais rien peut-être n'est plus difficile et ne réclame plus d'attention.

Définitions.

§ 2. — La *Grammaire*. — Ce mot vient du latin — enseigne à *parler* et à *écrire* sans faire de fautes, autrement dit : *correctement*.

Parler, c'est exprimer ce qu'on pense par des *sons*.

Ecrire, c'est figurer les sons de la parole par des *signes*.

Historique de l'écriture.

§ 3. — Les hommes ont su parler longtemps avant de savoir écrire.

Ils ont commencé par représenter en bloc et d'une façon grossière ce qu'ils pensaient.

Quelques pierres dressées sur l'emplacement d'une bataille, par exemple, voulaient dire : « Ici l'on s'est battu. »

Des figures grotesquement ciselées sur la pierre d'un sépulcre indiquaient vaguement les qualités du défunt : une tête de lion, sa force ; une tête de serpent, sa prudence ; un sceptre, sa royauté.

C'étaient les prêtres, les hommes les plus éclairés de l'époque, qui avaient inventé cette écriture figurative, qu'on a appelée *hiéroglyphique* (du grec).

Elle n'a pas été fort commode à lire ; c'est pour cela qu'aujourd'hui on applique, par dérision, le nom de hiéroglyphes à toute écriture indéchiffrable.

§ 4. — On resta longtemps sans avoir l'idée de représenter les sons eux-mêmes de la parole par des signes correspondants.

Ce furent, dit-on, les Phéniciens, ce peuple intelligent et industrieux, qui eurent les premiers cette heureuse idée.

On avait bien essayé de tracer sur la pierre, d'un coup de ciseau, certains traits dont la forme était à peu près celle d'un coin (écriture *cunéiforme*) et que l'on combinait de manière à exprimer tant bien que mal la pensée ; mais c'était là une façon d'écrire pénible et lente tout ensemble : on n'a qu'à voir ce que coûtent de temps et de peine les inscriptions sur le marbre de nos tombeaux.

§ 5. — Les découvertes semblent s'appeler les unes les autres.

L'art de tanner la peau des bêtes et d'apprêter ces membranes tout à la fois souples et résistantes que nous appelons *parchemin* — quelquefois aussi *vélin* (qui vient du veau) ; — les lamelles membraneuses d'un grand roseau, nommé *papyrus* — dont le nom, légèrement transformé par un usage populaire, est devenu le mot français *papier* ; — l'art de fabriquer l'encre dont on se servait à l'aide d'un petit jonc (*calamus*) taillé à cet effet..... tout cela coïncide ou à peu près avec le moment où les Phéniciens inventèrent des signes qui correspondaient, soit directement, soit par leurs combinaisons, à tous les sons de la parole.

Ces signes furent les *lettres*.

Le moyen était si commode qu'on n'a pas songé, depuis ce temps, à mieux faire.

§ 6. — La forme des lettres, on le comprend, est une pure affaire de convention.

Depuis les Phéniciens, c'est-à-dire, depuis vingt-cinq siècles et plus, elle a passablement varié, comme les langues elles-mêmes du reste, avec les âges ou les latitudes..... bien qu'il soit possible encore de retrouver, dans plusieurs des lettres en usage aujourd'hui, des traces de la forme primitive, c'est-à-dire, phénicienne.

§ 7. — Dès le XVIᵉ siècle, découverte de l'imprimerie par Guttemberg et découverte à peu près correspondante des procédés de fabrication du papier de chiffons, plus commode et bien moins coûteux que le parchemin et le papyrus.

Les perfectionnements merveilleux apportés depuis à la fabrication du papier lui-même, de l'encre, des plumes, des caractères d'imprimerie sont venus, en multipliant les livres, en facilitant les correspondances, transformer en un vrai plaisir, pour tout homme avide de s'instruire, le devoir de connaître les règles de la langue parlée et de la langue écrite, le devoir de parler et d'écrire lui-même selon les règles.

Imprimés et manuscrits.

§ 8. — Il y a une certaine différence entre les lettres imprimées et les lettres écrites à la main (manuscrites, du latin *scriptus* écrit, *manu* p. la main).

Les premières sont isolées les unes des autres et ont des angles nettement accusés.

Les secondes sont reliées les unes aux autres et ont des contours généralement arrondis.

Cela tient à ce que la presse écrit avec des *lettres moulées* auxquelles on a pu donner d'avance une forme arrêtée, tandis que la main trace les lettres avec la plume les unes après les autres et ne peut, sous peine de perdre beaucoup de temps, soulever trop souvent la plume de dessus le papier, ni changer brusquement de direction.

Majuscules et minuscules.

§ 9. — Il faut distinguer parmi les lettres : 1° les *majuscules* ou *grandes lettres* (du latin *majus*, plus grand).

2° Les *minuscules* ou *petites lettres* (du latin *minus*, moindre.)

Qui diffèrent en général les unes des autres par leur forme, et qui ne diffèrent par leur forme que parce qu'elles diffèrent par leur emploi.

Les minuscules sont d'un usage ordinaire.

Les majuscules s'emploient extraordinairement. C'est tout ce qu'on peut dire pour le moment.

L'alphabet.

§ 10. — Tous les sons de la parole peuvent être représentés à l'aide de vingt-quatre lettres suivantes :

Min. a b c d e f g h i j k l m n o p q r s t u v x y z.
Maj. A B C D E F G H I J K L M N O P Q R S T U
V X Y Z.

§ 12. — Cette liste s'appelle du nom des trois premières lettres, l'*Abécé.*

On l'appelle aussi *Alphabet,* nom grec qui revient à peu près au même, puisque, en grec, la première lettre s'appelle *Alpha,* et la seconde, *Bêtha.*

§ 13. — L'ordre dans lequel nous avons rangé ces lettres a été consacré par l'usage : c'est l'*ordre alphabétique.*

Les mots dans les dictionnaires, les noms sur les listes électorales, les marchandises sur les tarifs de chemins de fer, etc..... sont rangés *par ordre alphabétique.*

Il importe donc de savoir imperturbablement *par cœur* l'alphabet.

La Calligraphie.

§ 14. — Il ne faut pas s'inquiéter outre mesure de bien former les lettres : il y a, en éducation, des choses plus importantes. Toutefois, il ne faut pas faire fi d'une belle écriture, de ce qui s'appelle une *belle plume.*

La *calligraphie* ou l'art d'avoir une belle écriture (du grec *calós* bien et *graphô* j'écris), est très-utile dans plusieurs carrières, notamment dans celle des greffiers et des comptables ; mais quand elle ne servirait qu'à éviter charitablement, à ceux qui nous lisent, le supplice de nous déchiffrer ou qu'à nous mieux laisser voir et corriger nos fautes, elle ne serait pas à dédaigner.

§ 15. — Du reste, la plupart des particularités graphiques (du grec *graphô,* j'écris) de l'écriture se raisonnent.

Ainsi, l'impression représente la forme idéale des lettres. Toutes les lettres manuscrites rappellent, de loin, par leur forme, celle des caractères d'imprimerie correspondants. On voit qu'elles en sont une imitation.

§ 16. — Il est naturel que le trait soit *délié* chaque fois que la plume monte, et qu'il soit *plein* chaque fois que la plume descend.

Classement des lettres.

§ 17. — Dans la liste qui précède, un amateur de classifi-
cations pourrait distinguer :

1° Des lettres qui se prononcent des
lèvres, comme B, P, M, et que, pour
cette raison on appellerait — du latin
labialis, des lèvres — les **labiales.**

2° Des lettres qui se prononcent en
appuyant la langue contre les dents,
comme D, T, et qu'on appellerait les **dentales.**

3° Des lettres qui se prononcent du
gosier, comme C, G, K, Q, et qu'on
appellerait, du latin *guttur*, gosier, les **gutturales.**

4° Des lettres qui semblent *couler* en
quelque sorte, comme L, R, les **liquides.**

5° Une lettre qui se prononce un peu
du nez, N, **nasale.**

6° Une lettre qui se prononce en
sifflant, S, **sifflante.** Etc.

Mais ces distinctions, très-utiles à faire dans la langue
grecque, n'ont pas, en français, beaucoup d'importance.

§ 18. — Il y a une distinction bien autrement importante
à faire.

Des voyelles et des consonnes.

§ 19. — Sur les vingt-quatre lettres de l'alphabet, il y en a 5.

a e i o u

juste autant que nous avons de doigts à la main — si l'on ne
compte pas **y** — qui, à elles seules, for-
ment un son, une *voix*. On les appelle **voyelles.**

§ 20. — Les dix-neuf autres ne représentent que des sons imparfaits.
Elles doivent être associées aux voyelles, elles ne *sonnent* qu'*avec* les voyelles,
de là leur nom (tiré du latin *sono* je
sonne, *cum* avec) **consonnes.**

Particularités des voyelles.

DES ACCENTS

§ 21. — Certaines inflexions de voix, qui seraient mal indiquées par les voyelles toutes seules, sont indiquées par des signes particuliers qu'on place au-dessus d'elles et qui sont nommés des *accents*.

a. De l'accent commun à toutes les voyelles.

§ 22. — Quand le son que les voyelles représentent doit être prolongé comme dans *pâte, bête, gîte, Rhône, flûte*, on l'indique en écrivant au-dessus d'elles le signe ou accent ^ qu'on appelle, du latin *circum* autour, *flexus* fléchi.   **accent circonflexe**.

> Ex. Le régal fut fort honnête,
> Rien ne manquait au festin ;
> Mais quelqu'un troubla la *fête*
> Pendant qu'ils étaient en train.
>
> (LA FONTAINE : *Le rat des villes et le rat des champs.*)

b. Accents et particularités de l'é.

§ 23. — 1. Quand le son *e* doit s'entendre à peine, comme dans *toile, file, Tuileries*, on écrit *e* tel quel, *sans accent*, et l'on comprend pourquoi c'est un   **e muet**.

> Ex. Ce n'est qu'une étoile qui *file*,
>   Qui *file, file* et disparaît.
>
> (BÉRANGER.)

§ 24. — 2. Quand on prononce *é*, en *fermant* la bouche, comme dans *éternité, élégance, témérité*, on surmonte l'*e* du signe ' (oblique de droite à gauche) que l'on nomme   **accent aigu**.
et l'*é* s'appelle, dans ce cas, un   **é fermé**.

> Ex. La cigale ayant chan*té*
>   Tout l'é*té*,
> Se trouva fort dépourvue
> Quand la bise fut venue.
>
> (LA FONTAINE : *La cigale et la fourmi.*)

§ 25. — 3. Quand on prononce *è*, en *ouvrant* la bouche comme dans *père*, *mère*, *colère*, on surmonte l'*e* du signe ❜ (oblique de gauche à droite) et qu'on nomme **accent grave.**

L'*è* s'appelle alors un **è ouvert.**

> Ex. O *père* qu'adore mon *père*,
> Toi qu'on ne nomme qu'à genoux,
> Toi dont le nom terrible et doux
> Fait courber le front de ma *mère*.
> (Lamartine.)

§ 26. — Remarque. Cet accent grave sert aussi à distinguer quelquefois l'un des sens d'un mot à double sens.

§ 27. Il y a donc trois sortes d'accents.

1. L'accent circonflexe, qui se met sur toutes les voyelles.
2. L'accent aigu ⎫ qui ne se mettent que sur l'*e*.
3. L'accent grave ⎭

§ 28. — Et il y a trois sortes d'*e* :
1. L'*e* muet — qui s'entend à peine — sans accent.
2. L'*é* fermé — bouche fermée — avec accent aigu.
3. L'*è* ouvert — bouche ouverte — avec accent grave.

§ 29. — Il ne faut pas se permettre de négliger les accents. Outre que ces négligences sont très-mal vues, et avec raison ; dans les épreuves académiques, elles sont comptées pour une *demi-faute.*

Diphthongues.

§ 30 — Il y a des sons, comme

Le son *oi* dans *poire*,

— *eu* — *pécheurs*, etc.

dans lesquels une oreille bien exercée distinguerait aisément deux sons différents ou *deux voix.*

> Ex. Oh ! bien loin de la *voie*
> Où marche le pé*cheur,*
> Chemine où Dieu t'en*voie,*
> Enfant, garde ta *voie ;*
> Lis, garde ta blan*cheur.*
> (Victor Hugo.)

§ 31. — Les sons doubles, il n'existe pas de signes spéciaux pour les représenter. On se contente d'associer ensemble deux voyelles.

Le son *oua*	s'écrit *oi*	*étoile.*
— *ou*	— *ou*	*poule.*
— *eu*	— *eu*	*heureux.*
	œu	*œuf.*
— *ai*	— *ai*	*glaive.*
	ei	*peine.*
— *au*	— *au*	*aumône.*

§ 32. — Ces associations de *deux voyelles* (de deux *voix*), pour représenter un son unique, tirent du grec *dis*, deux fois, et *phthongos*, voix, leur nom de **diphthongues.**

§ 33. — Quelqu'un qui prononce bien fait sentir la différence qui existe entre

1. *e* muet et *eu* ou *œu* diphthongue.
2. *é, è, ê* — *ai* — *ai* —
3. *o, ó* — *au* —

      1   2   3

Fenêtre, feutre. | *Dé, dais.* | *Manchot, réchaud.*

Du tréma.

§ 34. Lorsque, par hasard, les deux sons, au lieu de se confondre, se trouvent séparés dans la prononciation, comme dans *Zaïre, laïque, Moïse*, on l'indique dans l'écriture, en surmontant la seconde des deux voyelles de deux points qui s'appellent un **tréma.**

Ex. Le financier, riant de sa *naïveté,*
Lui dit : Je veux vous mettre aujourd'hui sur le trône.

(LA FONTAINE. *Le Savetier et le Financier.*)

Rôle de l'y (1).

§ 35. — Quand les diphthongues *ai, oi,* se trouvent placées devant un *i,* comme dans *pai-is, moi-ien, citoi-ien,* on s'évite la peine de mettre deux *i,* en mettant un *y* qui en tient la place, et on écrit *pays, moyen, citoyen.*

> Ex. Jamais un honnête homme, un digne *citoyen,*
> N'aurait, pour se venger, recours à ce *moyen.*

Particularités des consonnes.

§ 36. — Sur quelques-unes des consonnes il y a certaines remarques particulières à faire.

1. LETTRE H.

§ 37. — Dans certains mots qui généralement l'avaient en latin ou en grec, comme *héritier, histoire,* la lettre *h* a été conservée pour rappeler cette origine; elle ne sonne pas, elle ne compte pas, c'est une **h muette.**

> Ex. De tous les animaux qui volent dans les airs,
> Qui rampent sur la terre ou nagent dans les mers,
> De Paris au Pérou, du Japon jusqu'à Rome,
> Le plus sot animal, à mon avis, c'est *l'homme.*
> (BOILEAU.)

§ 38. — 2. Dans d'autres, comme la *haine,* le *héros,* elle est là pour indiquer ce léger coup de gosier qu'on fait sentir en la prononçant, qu'on appelle une *aspiration* et qui fait de l'*h* une véritable consonne; elle est alors une **h aspirée.**

> Ex. Hippolyte lui seul, digne fils d'un *héros,*
> Arrête ses coursiers, saisit ses javelots...
> (RACINE.)

---

(1) Le signe *y* s'appelle *i-grec,* parce qu'on l'emploie généralement en français pour exprimer le son *u* des Grecs qui se rapproche de notre *i.*

§ 39. — 3. Placée après le *c*, elle représente le son *ch*, comme dans *cheval, chercher*.

Ex. Il cherchait à *cheval* les traces de son *chien*.

§ 40. — 4. Placée après le *p*, elle représente le son *f*... des Grecs, et indique toujours des mots de provenance grecque, comme *philosophie, phalange*.

Le *phaéton* d'une voiture à foin
Vit son char embourbé.....
(LA FONTAINE.)

§ 41. — 5. Placée après le *t*, elle rappelle le son *t aspiré* des Grecs, conservé dans la langue anglaise et indique aussi une provenance grecque : *Thomas, théologie*.

Ex. Ah ! que si l'âne, alors, à bon droit *misanthrope*,
Savait trouver la voix qu'il eut au temps d'Esope.
(BOILEAU.)

2. LETTRE C.

§ 42. — Le *c* est dur devant *a, o, u, café, colis, culasse*.
S'il doit représenter un son doux, celui de l'*s* qu'il a devant *e* et *i* (*cétacé, cilice*), on écrit au-dessous de lui un tout petit *c*, une *cédille*.

Ex. Le poisson se prenait à l'hameçon perfide.

3. LETTRE G.

§ 43. — Le *g* est aussi dur devant *a, o, u, galère, cigogne, figure*.
S'il doit représenter un son doux, celui du *j* qu'il a devant *e* et *i* (*gélatine, girafe*), on le fait suivre d'un *e*.

Ex. Les ombres s'allongeaient au penchant des collines.
(LAMARTINE.)

Quand il doit être dur devant *i* ou *e*, on le fait suivre d'un *u* : *guide, guéridon*.

Ex. *Guenille* si l'on veut, ma *guenille* m'est chère.
(MOLIÈRE.)

4. LETTRES N et P, B, M.

§ 44. — Essayez de prononcer :

In-maculé, in-puissant,

Con-bat,

Pin-bêche,

vous verrez que, malgré vous, l'*n* de la première syllabe de ces mots, devant les consonnes *p, b, m,* sonnera exactement comme un *m,* à moins que vous ne fassiez un effort pour lui faire produire le son qu'elle a naturellement, et encore ce son sera-t-il d'un effet désagréable.

On écrira donc, et avec raison, tout à fait comme on prononce :

Immaculé, impuissant.

Combat, pimbêche.

Ce qui revient à dire que

Devant les lettres p, b, m, *il n'y a jamais d'*N

(Excepté *bonbon* (bon! bon !)

SONS COMPLÉMENTAIRES.

§ 45. — Certains sons complexes sont représentés par une association de plusieurs consonnes.

Le son *nieu* s'écrit *gn, campagnard.*

—   *lieu*   — *ill, gaillard.*

—   *che*   — *ch, cheval.*

Des syllabes et des mots.

§ 46. — 1. Tout son qui n'exige qu'une émission de voix :

a, dé, vin, trou, flot...

s'appelle, du grec *sullabê* qui veut dire : tout ce qu'on peut prendre ensemble, une

syllabe.

§ 47 — 2. Toute syllabe ou réunion de syllabes qui a un sens à elle, est un **mot.**

§ 46. — 3. Les mots qui n'ont qu'une syllabe s'appellent, du grec *monos*, un seul, des **monosyllabes.**

Ex. Le ciel n'est pas plus pur que le fond de mon cœur.
(RACINE.)

§ 47. — 4. Les mots qui ont deux syllabes du grec *dis*, deux fois, des **disyllabes.**

§ 48. — 5. Les mots qui ont plusieurs syllabes en général, du grec *polu*, beaucoup, des **polysyllabes.**

§ 49. — REMARQUE. Les syllabes qui sonnent de la même façon sont des **rimes.**
On dit qu'elles *riment ensemble.*

Des phrases.

§ 50. — Une série de mots qui forment un sens complet s'appelle une **phrase.**

REMARQUES.

§ 51. — 1. Toute phrase doit commencer par une majuscule et finir par un point.

§ 52. — 2. S'il y a dans ce qu'on dit un ou plusieurs mots qu'on veuille mettre en relief, on les distingue du reste dans l'écriture en les *écrivant par une majuscule* (la première lettre) ou bien en les *soulignant* d'un ou deux traits de plume.

§ 53. — 3. Quand on veut bien détacher une pensée d'une autre, quand on change de pensée par exemple, on l'indique dans l'écriture en cessant d'écrire à la suite, en fermant par un point la ligne commencée et en reprenant, par une majuscule naturellement, *à la ligne* (ce qui se dit en latin *a lineá*), à un centimètre de la marge.

§ 54. — 4. La *marge* est l'espace libre qu'il est bon de laisser à gauche de la feuille quand on écrit.

§ 55. — 5. Quand il manque à la fin d'une ligne de l'espace pour achever un mot, il faut bien se garder d'écrire en contournant, ce qui est *négligé* et donne toujours à l'écriture un air désagréable ; ce qui surtout peut laisser aisément se glisser quelque faute ; il faut *couper* le mot en deux et indiquer par un petit trait, comme cela se voit dans l'impression, que la fin se trouve à la ligne suivante. Mais *il ne faut pas oublier qu'un mot ne peut être coupé qu'à la syllabe.*

§ 56. — Ainsi le mot *extraordinairement* peut se couper :

1° _____ ex-
traordinairement.

2° _____ extra-
ordinairement.

3° _____ extraor-
dinairement.

4° _____ extraordi-
nairement.

5° _____ extraordinai-
rement.

6° _____ extraordinaire-
ment.

CONSEIL : Faire observer toutes ces remarques dans les plus simples exercices.

De la ponctuation.

§ 57. — Quand on parle, si l'on ne veut pas être inintelligible, on ne dit pas tout ce qu'on a à dire, ni sur le même ton, ni sans s'arrêter de temps en temps, ne fût-ce que pour reprendre haleine.

§ 58. — Rien n'est plus disgracieux ni plus insensé que la manière dont certains écoliers récitent les morceaux qu'on leur fait apprendre. C'est un débit monotone, rapide, assommant, qui ne devrait jamais être toléré par les maîtres. Quelle différence entre leur récitation et les causeries qu'ils ont entre eux. Dans ces dernières, que de naturel et quelle variété d'intonations !

§ 59. — C'est que la langue est une véritable musique et pourrait rigoureusement se noter sur les lignes d'une portée.

Quelle différence n'y a-t-il pas entre la manière dont on dira ces vers de Corneille, dans lesquels le vieux don Diègue, ayant reçu du comte un outrageant soufflet, déplore son impuissance à venger cet affront :

> O rage ! ô désespoir ! ô vieillesse ennemie !
> N'ai-je donc vécu que pour cette infamie !

Et cet autre où, rencontrant son fils, il le charge de sa vengeance :

> Rodrigue, as-tu du cœur ?...

Et comme le ton sera différent et tout autres les points d'arrêt, si on lit ces vers de La Fontaine, au commencement de la fable : *Le coche et la mouche :*

> Sur un chemin montant, sablonneux, malaisé
> Et de tous les côtés au soleil exposé,
> Six forts chevaux tiraient un coche....

§ 60. — On ne saurait, pourtant, noter toutes les intonations diverses, tous les temps d'arrêt dont la langue parlée est susceptible. Il faudrait tout un long système de signes qui rendraient l'écriture trop compliquée.

§ 61. — On se contente de noter les pauses principales et les inflexions les plus caractéristiques que l'on fait sentir en parlant ; et l'on emploie pour cela un certain nombre de points ou de signes particuliers qui constituent la ponctuation, du latin *punctus*, point.....

§ 62. — Le meilleur moyen de *ponctuer* comme il faut, c'est de ne jamais écrire machinalement, de suivre toujours le fil de la pensée, de se figurer même que l'on prononce, intérieurement, et avec le ton voulu, les paroles que l'on écrit.

§ 63. — 1. Chaque fois que la pensée est épuisée, que le sens est fini et, avec lui, la phrase, nous l'avons déjà observé, on doit mettre un **point**

Ceci est de rigueur.

Mais, à mesure que les paroles passent :

§ 64. — 2. S'il y a des mots ou des séries de mots qui, tout en allant ensemble se détachent pourtant, dans la

parole, les uns des autres, on l'indiquera par une **virgule** ,

> Ex. Femmes, moines, vieillard, tout était descendu ;
> L'attelage suait, soufflait, était rendu.
>
> (LA FONTAINE : *Le Coche et la Mouche.)*

§ 65. — Si les mots ou les séries de
mots font plus que se détacher les uns
des autres, s'ils se distinguent, s'ils
n'appartiennent plus au même groupe,
et qu'on sente qu'il faille les séparer
un peu plus que par une virgule et un
peu moins que par un point, on l'indique par un **point-virgule** ;

> Ex. En cet affront mon père est l'offensé ;
> Et l'offenseur, le père de Chimène.
>
> (CORNEILLE.)

§ 66. — 4. Si la pensée aboutit à une
seconde qui la développe, qui l'éclaircit,
on l'indiquera en écrivant l'un sur
l'autre **deux points** :

> Ex. La chose ainsi réglée, on composa trois lots :
> En l'un, les maisons de bouteille...
>
> (LA FONTAINE.)

§ 67. — En d'autres termes :
Le point *sépare,*
La virgule *détache,*
Le point-virgule *distingue,*
Les deux-points *continuent.*

§ 68. — En d'autres termes encore :
Quand on éprouve le besoin de dire : *fini,* un **point.**
— — — — *de plus,* **virgule.**
— — — — *d'autre part,* **point-virgule.**
— — — — *voici :* **deux-points.**

De plus :

§ 69. — 5. S'il y a un endroit où l'on
sente qu'en parlant l'on s'exclamerait,
comme lorsqu'on dit :

Au secours! ou *Partez!*

on l'indique par un   **point d'exclamation !**

> Ex. A ces mots on cria haro sur le baudet !
> Sa peccadille fut jugée un cas pendable.
> Manger l'herbe d'autrui ! quel crime abominable !
>
> (LA FONTAINE.)

§ 70. — S'il y a un endroit où
l'on sente qu'en parlant on pren-
drait le ton de l'interrogation, on
l'indiquera par un   **point d'interrogation ?**

Ex. Alcmène demande à Sosie des
nouvelles de son mari :

> Que dit-il? que fait-il? contente un peu mon âme.
>
> (MOLIÈRE.)

§ 71. — 7. S'il y a deux mots différents, mais tellement unis par les sons
qu'ils n'en forment qu'un, on les réunit
entr'eux par un   **trait d'union -**

> Ex. Tous les plus gros Messieurs me parlaient chapeau-bas :
> Monsieur de Petit-Jean, ah! gros comme le bras.
>
> (RACINE.)

§ 72. — Les mots ou les pensées qui,
sans être inutiles, se détachent si bien,
si naturellement de la pensée princi-
pale, qu'on sent, au ton sur lequel ils
se prononcent, qu'ils sont tout à fait
à part et se pourraient aisément sup-
primer, on les détache du reste dans
l'écriture soit par deux traits, soit par des
crochets et, des mots grecs *para*, entre;

enthésis, crochet, les mots détachés s'appellent alors, comme les signes, une **parenthèse** (.....)

— ..... —

> Ex. Un homme vit une couleuvre :
> Ah ! méchante, dit-il, je m'en vais faire une œuvre
> Agréable à tout l'univers.
> A ces mots l'animal pervers
> (C'est le serpent que je veux dire,
> Et non l'homme, on pourrait aisément s'y tromper)
> A ces mots le serpent, se laissant attraper,
> Est pris, mis en un sac.., et, ce qui fut le pire,
> On résolut sa mort, fût-il coupable ou non.

§ 73, — 9. Quand on cite les paroles d'un autre, on met en tête et à la fin de la citation des **guillemets** « ..... »

> Ex. « Va-t-en, petit insecte, excrément de la terre ! »
> C'est en ces mots que le lion
> Parlait un jour au moucheron.
>
> (La Fontaine.)

§ 74. — 10. Quand un autre que celui qui parle est censé prendre à son tour la parole, on l'indique par un simple **trait**. —

> Ex. De ta tige détachée,
> Pauvre feuille desséchée
> Où vas-tu ? — Je n'en sais rien.
> L'orage a brisé le chêne
> Qui seul était mon soutien...
>
> (Arnault.)

§ 75. — 11. Quand on n'achève pas la pensée ou qu'on la fait attendre quelques secondes, qu'on la *retient*, on l'indique en plaçant à l'endroit de cette suspension ou de cette réticence trois ou quatre points qui s'appellent eux-mêmes une **réticence**. ....

Agrippine, parlant à son fils Néron, de deux généraux qui avaient été bien

dignes, mais qui avaient profondément
changé, lui dit : ..

> Ex. J'appelai de l'exil, je tirai de l'armée
> Et ce même Sénèque, et ce même Burrhus
> Qui depuis... Rome alors chérissait leurs vertus.
>
> (Racine.)

§ 76. — On peut citer encore comme exemple de réticence,
la petite pièce comique suivante qui renferme du reste à peu
près tous les signes.

> Après le malheur effroyable
> Qui vient d'arriver à mes yeux,
> Je croirai désormais, grands dieux !
> Qu'il n'est rien d'incroyable !...
> J'ai vu... sans mourir de douleur...
> J'ai vu — siècles futurs, vous ne sauriez le croire !... —
> Ah ! j'en frémis encor de dépit et d'horreur !...
> J'ai vu... mon verre plein... sans avoir pu le boire.

§ 77. — On comprend, après tout ce qui vient d'être dit,
la haute importance de la ponctuation dans l'écriture. C'en
est bien la partie la plus intellectuelle, celle qui demande le
plus d'intelligence et par conséquent le plus d'attention. Si
rien ne dénote mieux la faiblesse ou tout au moins la paresse
de l'esprit qu'une écriture d'où toute ponctuation est absente,
rien ne laisse mieux voir la facilité de la conception ou l'ac-
tivité d'esprit, qu'une écriture dans laquelle la ponctuation a
distingué les pensées diverses ou les nuances d'une même
pensée.

§ 78. — Quelques écrivains, comprenant tout l'intérêt que
l'usage intelligent de ces quelques signes pouvaient donner à
leurs œuvres, ont spécialement pris soin de bien ponctuer et
ont surveillé de près, à cet égard, l'impression de leurs ouvrages : Victor Hugo, entr'autres, qui corrige lui-même toutes
les épreuves de ses écrits; et Michelet. C'est à ce point que
si on les lit en observant bien les signes qui notent tous les
détails, ceux qui écoutent croiraient entendre une *causerie*.

§ 79. — On peut apprendre facilement à ponctuer en faisant de fréquentes lectures à haute voix et en s'efforçant de

donner à chaque phrase, à chaque mot, l'inflexion voulue. L'esprit s'habitue ainsi à faire sentir toutes ces nuances, et si ensuite, lorsqu'on écrit, on se figure, comme nous l'avons conseillé plus haut, que l'on parle, les signes de la ponctuation viennent d'eux-mêmes se placer sous la plume à l'endroit qu'il faut et si naturellement et si à propos, qu'il faudrait faire un effort sur soi-même pour s'empêcher de les y inscrire.

CONSEIL : Observer toutes ces règles jusque dans les exercices les plus simples.

De l'orthographe.

§ 80. — Il ne reste plus qu'à savoir écrire les mots eux-mêmes correctement.

C'est là le difficile.

§ 81. — L'art d'écrire les mots *comme il faut* s'appelle, de deux mots grecs : orthôs, *comme il faut*, et graphô, *j'écris*, l'*orthographe*.

§ 82. — Si les mots étaient écrits comme ils se prononcent, ainsi que cela a lieu pour le latin et pour l'allemand, rien ne serait plus facile à apprendre que l'orthographe.

Il n'y aurait alors qu'à bien écouter et qu'à traduire en lettres ce qu'on aurait entendu.

§ 83. — Et ce procédé doit être employé, dans tous les cas, toutes les fois qu'il peut l'être; car il permet d'éviter bien des fautes par l'habitude qu'on prend de distinguer, à l'audition et dans l'écriture, les sons divers de la langue.

§ 84. — Mais il ne saurait suffire pour la langue française, dans laquelle beaucoup de mots s'écrivent et doivent s'écrire tout autrement qu'ils ne se prononcent.

§ 85. — Il y a, entre la manière d'écrire et la manière de prononcer, des différences consacrées par l'usage et qui ont l'air tout à fait capricieuses, mais qui pourtant se justifient quand on y regarde de plus près.

§ 86. — On prononce *résulta,* — on écrit *résultat.*
    —   *discour,* — —   *discours.*

Pourquoi? — Les lettres qui, dans ces mots et dans beaucoup d'autres, ne se prononcent pas, sont là comme un vestige
ou une trace des langues anciennes dont ils proviennent, un
peu défigurés quelquefois par le long travail des siècles..... et
voilà pourquoi il est fort utile de connaître ce qu'on appelle
les *langues mortes*, le latin et le grec, dont notre langue est la
fille.

¿ 87. — Ainsi :
Résultat vient de *resultatus* qui a un *t*.
Discours — *discursus* — *s*.

¿ 88. — Cette manière d'écrire les
mots, cette *orthographe* ainsi consa-
crée par un long *usage*, s'appelle pour
cette raison **orthographe usuelle.**

§ 89. — On ne peut donner, de l'orthographe usuelle, que
des règles tout artificielles, des espèces de recettes qui ne
servent pas à grand chose.

Le meilleur serait, à tout prendre, d'étudier le latin et le
grec.

¿ 90. — Les élèves qui font des études classiques seront
toujours, sous ce rapport, comme sous beaucoup d'autres,
supérieurs à ceux qui en sont privés. Non-seulement ils
mettront mieux l'orthographe, mais ils auront une intelligence
plus nette de leur langue qui fait de si nombreux emprunts
au latin et au grec.

¿ 91. — La plupart des termes *techniques* (du grec *technê*,
art, industrie) des sciences sont tirés de ces langues. Ex.

Sciences chimiques : *oxygène* : qui engendre l'acidité		⎫
— — *hydrogène* : — l'eau		⎬ du grec.
— — *cyanogène* : — le bleu		⎭
Sciences naturelles : *aptères* : sans ailes		⎫
— — *diptères* : à deux ailes		⎪
— — *lépidoptères* : à ailes brillantes		⎬ du grec.
— — *crucifères* : qui portent une croix		⎪
— — *conifères* : — un cône.		⎪
— — *lactifères* : — du lait.		⎭

Sciences médicales : *névralgie* : douleur des nerfs.

—   —,   *gastralgie :*   —   de l'estomac.

—   .   —   *céphalalgie :*   —   de la tête.

§ 92. — On peut conseiller, à cet égard, de lire beaucoup et d'apprendre ainsi l'orthographe des mots à force de voir leur figure.

Quand on hésite, il faut écrire le mot à part. Si on l'écrit mal, sa figure choque, et on le corrige.

§ 93. — Si on ne parvient pas à se fixer par ce moyen, on consultera le *Dictionnaire*.

§ 94. — Il y a aussi, entre la manière de prononcer et la manière d'écrire, d'autres différences plus significatives encore et plus justifiées, qui se raisonnent et dont on peut déterminer les règles.

§ 95. — Ces règles, c'est la grammaire qui les enseigne.

§ 96. — Cette orthographe, dont la grammaire enseigne les règles, s'appelle, pour cette raison, et par opposition à l'orthographe usuelle **orthographe grammaticale.**

§ 97. — Mais tous les mots ne sont pas de la même espèce, et les règles de l'orthographe grammaticale étant particulières à chaque espèce de mots, le premier soin de quiconque veut connaître sa langue, c'est d'apprendre à distinguer tout d'abord ces différentes espèces.

Des différentes espèces de mots.

§ 98. — Je dis :

I. CHAPEAU.

C'est le *nom* de l'objet que je porte journellement sur ma tête. Voilà un mot qui désigne ou qui *nomme* une chose : nous l'appellerons tout bonnement un **nom.**

II. CHAPEAU **NEUF**.

§ 99. — Le mot *neuf* ne désigne plus une chose, mais la *qualité* d'une chose,

3

du chapeau. Il se trouve placé ou *jeté
vers* le nom; de là vient qu'on l'appellera, du grec *épi* auprès, *thétês*, que l'on
place, une *épithète*, ou plutôt du latin
jectivus qui peut se jeter, *ad* vers, un **adjectif.**

III. **LE** CHAPEAU NEUF.

§ 100. — *Chapeau neuf* était une expression vague, indéterminée, pouvant
s'appliquer à tous les chapeaux neufs.
Le mot *le,* que nous venons d'y ajouter,
la précise, la détermine, l'accentue,
nous fait voir qu'il s'agit d'*un chapeau
particulier,* l'*articule,* eh bien! ce sera un **article.**

§ 101. — Je dis :

IV. **SAUTE**.

Voilà un mot qui indique quelque
chose que l'on *fait,* un acte, une *action.*
C'est un mot *essentiel.* Essayez de parler
sans employer de ces mots-là :

Le chat POURSUIT *la souris.*

Pierre MANGE *des pommes.*

Otez les mots soulignés qui désignent
ce que fait le chat, *ce que fait* Pierre.....
et il n'y a plus de sens.

§ 102. — C'est donc le *mot par excellence; mot,* en latin, se dit : *verbum;*
c'est un **verbe.**

§ 103. — Seulement ce verbe, ce mot essentiel, va rarement
tout seul. Cette action que le verbe exprime, il faut bien que
quelqu'un le fasse; et il y a presque toujours, dans les envi-
rons d'un verbe, le nom de la *personne* ou de la *chose qui fait
l'action.* Ce nom s'appelle, nous le verrons, le SUJET du verbe.
Quand le sujet n'y est pas lui-même, c'est qu'alors il y a,
nous allons le voir, un autre mot qui en tient la place.

V. **IL** SAUTE.

§ 104. — Supposez qu'on parle d'un

chat. Le mot IL est ici mis à la place du mot chat, qui est un nom. *A la place de* se dit en latin *pro*. Nous appellerons ce mot un **pronom**.

VI. IL SAUTE **LESTEMENT.**

§ 105.— LESTEMENT indique de quelle manière le chat a sauté. On voit qu'il est PLACÉ VERS LE VERBE : *vers*, en latin, se dit *ad;* nous appellerons ce mot un **adverbe**.

VII. IL SAUTE LESTEMENT

SUR

Le chapeau neuf.

§ 106.—-Voici un mot, le mot SUR qui SE PLACE DEVANT les trois derniers pour indiquer le rapport qui existe entre eux et les trois premiers :

Où saute-t-il, ce chat?

Réponse : *sur* le chapeau,

    Ou : *dans* le chapeau,

    Ou : *vers* le chapeau.

Tous ces mots, POSÉS DEVANT le mot *chapeau,* s'appellent, du latin *pré*, devant, et *positio,* placement, des **prépositions.**

VIII. IL SAUTE LESTEMENT - **HÉLAS!** - SUR LE CHAPEAU NEUF.

§ 107. Voici un mot nouveau, le mot *hélas!* qui se trouve là, JETÉ ENTRE les autres, sans avoir de liaison nécessaire avec eux. C'est une espèce de cri, une exclamation de l'âme; et, parce qu'elle est ainsi JETÉE ENTRE les autres mots, on l'appellera, du latin *jectio*, jettement, *inter*, entre, une **interjection** et, naturellement, *on la fera toujours suivre d'un point d'exclamation.*

IX. **ET** IL SAUTE LESTEMENT, HÉLAS! SUR LE CHAPEAU NEUF.

§ 108. — Le mot ET *joint* tout simplement ce qui est dit ici AVEC ce qui précède et qui pourrait être, par exemple :

Le chat s'élance ET *il saute.*

On l'appellera, du latin *junctio*, jonction, *cum*, avec, une   **conjonction.**

§ 109. — En tout, 9 ESPÈCES DIFFÉRENTES DE MOTS.

Il est impossible, en effet, de trouver des mots qui ne rentrent pas dans l'une ou dans l'autre de ces catégories.

§ 110. — Le PARTICIPE, que beaucoup de grammairiens considèrent comme formant une espèce particulière, rentre, nous le verrons tantôt dans l'espèce du verbe, tantôt dans celle de l'adjectif, et ce qui prouve qu'il ne fait pas bande à part, c'est le nom même de *participe* qu'on a cru devoir lui donner, nom indécis, par lequel on a voulu dire que ce nom participe de la nature du verbe et de la nature de l'adjectif.

Nous en parlerons à propos du *verbe*. (Voy. § 370.)

On peut donc dire :

1*•*

§ 111. — Tous les mots qui ne sont que les noms des personnes et des choses, comme

Pierre, table, château,

sont des   **noms.**

> Ex. Et qui m'empêchera de mettre en notre *étable*,
> Vu le *prix* dont il est, une *vache* et son *veau*
> Que je verrai sauter au milieu du *troupeau*,
> *Perrette* là-dessus saute aussi, transportée,
> Le *lait* tombe, adieu veau, vache, cochon, couvée.....
> (LA FONTAINE.)

§ 112. — REMARQUE. Le nom de *substantifs* qu'on donne quelquefois aux noms, parce qu'ils désignent la *substance* des choses, est un mot trop savant qu'il faut abandonner.

2°

§ 113. — Tous les mots qui désignent les qualités des personnes ou des choses, c'est-à-dire des noms, comme

Noir, triste, brillant, gâté,

sont des **adjectifs.**

> Ex. Son menton nourrissait une barbe *touffue,*
> Toute sa personne *velue*
> Représentait un ours, mais un ours mal *léché.*
> Sous un sourcil *épais* il avait l'œil *caché,*
> Le regard de travers, nez *crochu, grosse* lèvre,
> Portait sayon de poil de chèvre
> Et ceinture de joncs *marins.*
>
> (LA FONTAINE.)

3°

§ 114. — Tous les mots qui tirent les noms du vague, qui les déterminent spécialement comme

Le couteau, *la* table, *les* ciseaux,

sont des **articles.**

> Ex. C'était au mois d'avril : *les* neiges, *les* glaçons
> Fondus par *les* zéphirs, descendaient *des* montagnes.
> *Le* fleuve, enflé par eux, s'élève à gros bouillons
> Et déborde dans *les* campagnes...
>
> (FLORIAN.)

4•

§ 115. — Tous les mots qui *tiennent la place des noms,* comme

Voilà Pierre *qui* chante pour *les* distraire,

sont des **pronoms.**

> Ex. Le malheureux lion *se* déchire *lui*-même,
> Bat l'air *qui* n'en peut mais ; et sa fureur extrême
> *Le* fatigue, *l'*abat ; *le* voilà sur les dents.
> L'insecte du combat *se* retire avec gloire,
> Comme *il* sonna la charge, *il* sonne la victoire,
> Va partout *l'*annoncer...
>
> (LA FONTAINE.)

§ 116. — REMARQUE. Il saute aux yeux que les adjectifs, les articles et les pronoms ont avec les noms des rapports naturels, qu'ils marchent avec les noms, qu'ils *accompagnent* les noms.

Par conséquent on peut présumer qu'ils suivent la destinée des noms, qu'ils partagent le sort des noms, ou que, suivant l'expression ingénieuse des grammairiens :

§ 117. — *Les adjectifs, les articles et les pronoms* s'ACCORDENT *avec les noms.*

On verra plus tard comment.

Continuons.

5°

§ 118. — Tous les mots qui désignent une chose qui se fait, une action, comme

Manger, boire, dormir,

sont des **verbes.**

> Ex. Ma foi, sur l'avenir bien fou qui se *fiera* :
> Tel qui *rit* vendredi, dimanche *pleurera.*
> Un juge, l'an passé, me *prit* à son service ;
> Il m'avait fait *venir* d'Amiens pour *être* Suisse.
> Tous ces Normands *voulaient* se *divertir* de nous :
> On *apprend* à *hurler, dit* l'autre, avec les loups.
> Tout Picard que j'étais, j'étais un bon apôtre,
> Et je *faisais claquer* mon fouet tout comme un autre.
>
> (RACINE : *les Plaideurs.*)

6°

§ 119. — Tous les mots qui expriment la façon d'être d'une action, d'un verbe, comme

Manger *gloutonnement,*

ou d'un adjectif, comme

Fameusement riche,

sont des **adverbes.**

> Ex. Les loups mangent *gloutonnement.*
> Un loup, donc étant de frairie,
> Se pressa, dit-on, *tellement,*
> Qu'il en faillit perdre la vie.
>
> (LA FONTAINE.)

7°

§ 120. — Tous les mots qui indiquent
un rapport entre les autres, comme :

Sur la table, *dans* le bois,

sont des **prépositions.**

Ex. Le cèdre du Liban s'était dit *à* lui-même :
Je règne *sur* les monts ; ma tête est *dans* les cieux ;
J'étends sur les forêts mon vaste diadème,
Je prête un noble asile *à* l'aigle audacieux ;
A mes pieds l'homme rampe... — Et l'homme qu'il outrage
Rit, se lève et, d'un bras trop longtemps dédaigné,
Fait tomber *sous* la hache et la tête et l'ombrage
De ce roi des forêts *de* sa chute indigné.

(E. Lebrun.)

8°

§ 121. — Tous les mots qui *relient*
entr'eux les mots ou les pensées, comme

Le renard *et* les raisins,

Je pense *donc* je suis,

sont des **conjonctions.**

Ex. Le renard sort du puits, laisse son compagnon
Et vous lui fait un beau sermon
Pour l'exhorter à patience.
Si le ciel t'eût, dit-il, donné par excellence
Antant de jugement que de barbe au menton,
Tu n'aurais pas à la légère
Descendu dans ce puits. *Or,* adieu ; j'en suis hors,
Tâche de t'en tirer et fais tous tes efforts ;
Car pour moi j'ai certaine affaire
Qui ne me permet pas d'arrêter en chemin.

(La Fontaine.)

9°

§ 122. — Tous les mots qui se trouvent jetés parmi les autres comme une
simple exclamation ;

Oh ! oh ! hola ! hé bien !

sont des **interjections.**

Ex. *Petit-Jean :* Voyez le beau sabbat qu'ils font à notre porte.
Messieurs, allez plus loin tempêter de la sorte...

Chicaneau : Monsieur, soyez témoin...

La comtesse :   Que Monsieur est un sot.

Chicaneau : Monsieur, vous l'entendez ; retenez bien ce mot.

Petit-Jean : *Ah!* vous ne deviez pas lâcher cette parole.

La comtesse : Vraiment, c'est bien à lui de me traiter de folle.

Petit-Jean : *Folle!* vous avez tort. Pourquoi l'injurier?...

Chicaneau : On *la* conseille.

Petit-Jean :   *Oh!*

La comtesse :   Oui, de me faire lier.

Petit-Jean : *Oh!* Monsieur !

Chicaneau :   Jusqu'au bout que ne m'écoute-t-elle?

Petit-Jean : *Oh!* Madame!

La comtesse :   Qui? moi ! souffrir qu'on me querelle!..

Chicaneau : Une crieuse!

Petit-Jean :   *Hé! paix!*

La comtesse :   Un chicaneur !

Petit-Jean :   *Holà !*

Chicaneau : Qui n'ose plus plaider!

La comtesse :   Que t'importe cela !

Qu'est-ce qui t'en revient, faussaire abominable!

Brouillon! voleur!...

(RACINE : *les Plaideurs.*)

§ 123. — Telles sont les différentes espèces de mots qu'on rencontre dans la langue française.

§ 124. — CONSEIL : *Ne pas aller plus loin sans avoir bien appris à les distinguer.*

Voici comment nous nous y prenons :

L'élève est muni d'un crayon gras, *bleu* d'un côté et *rouge* de l'autre.

Après chacun des paragraphes 111-123, il est mis en demeure de souligner, dans un livre qu'il puisse comprendre (choisir dans les *bons livres* à 10 cent. de Ad. Rion) les mots dont il vient de lire la définition. Quand il se trompe, on l'oblige à *croiser*, avec du rouge, le bleu faussement appliqué.

On ne saurait croire combien cette *chasse* aux substantifs, aux articles, etc., amène rapidement les élèves à distinguer les différentes espèces de mots, surtout si l'on a soin de graduer les difficultés, de commencer par leur faire souligner des mots qui soient une image, des *mots concrets*, pour n'aborder qu'après des exercices suffisants, les morceaux à *termes abstraits*.

Les deux classes de mots.

§ 125. — Reprenons maintenant chacune de ces espèces de mots pour l'étudier à part et savoir ce qui la concerne spécialement.

§ 126. — Il y a d'abord ceci à faire observer : que sur ces neuf espèces, il en est quatre, les quatre dernières, les *interjections*, les *conjonctions*, les *prépositions*, les *adverbes*, dont l'orthographe est fixe, *ne varie pas*.

On les appelle, pour cette raison , *mots invariables*.

§ 127. — Et cela vient de ce qu'ils n'ont absolument aucune raison de varier.

En effet, que ce soit un homme ou une femme, plusieurs hommes ou plusieurs femmes qui crient *hélas !* le cri est toujours le même et l'*interjection*, qui l'exprime, aussi.

Que ce soit un aigle ou une bécasse ou une nuée de moucherons qui volent, *au-dessus* de ma tête, *dans* les airs, l'adverbe *au-dessus* et la préposition *dans* me disent suffisamment où ils volent.

§ 128. — Tandis que le verbe *vole* me rendra un vrai service s'il me laisse reconnaître à quelque signe apparent qu'il y a un seul aigle qui vole ou qu'il y en a plusieurs. Et le mot *aigle* lui-même, nous lui saurons gré de nous laisser voir à son tour s'il est question d'un seul oiseau ou de plusieurs.

§ 129. — Il est donc aisé de prévoir que les *noms*, les *adjectifs*, les *articles*, les *pronoms* et les *verbes* ont une orthographe qui varie *suivant les cas*, et c'est précisément pour cette raison que nous appellerons les mots de cette espèce *mots variables*.

I

MOTS INVARIABLES.

§ 130. — Débarrassons-nous tout d'abord des mots invariables :

Adverbes,
Prépositions,
Conjonctions,
Interjections.

Comme ils ne sont pas nombreux (150 environ) et qu'ils reviennent assez souvent, leur orthographe est bien vite apprise. On les cherchera sur le dictionnaire ou sur les listes suivantes :

I.

Liste des Interjections.

§ 131. — DÉFINITION : Les *interjections* sont des mots qui expriment, en bloc, les mouvements de l'âme.

§ 132. — Toutes sont suivies d'un point exclamation.

§ 133. — Interj. exprimant *la joie :* Ah!...

—	*la douleur :* Aï! ah! hélas!...
—	*la crainte :* Hé!
—	*l'admiration :* Oh! ô! ah!
—	*l'aversion :* Fi!
—	*l'appel :* Holà! hé!

§ 134. — A quoi il faut joindre tous les mots, fussent-ils, d'ailleurs des noms, qui traduisent une émotion, qui sont un cri :

Ciel! peste! mon Dieu! bonjour! merci, adieu, oui, non, etc.

II.

Liste des Conjonctions.

§ 135. — DÉFINITION : Les *conjonctions* sont des mots qui relient simplement entr'eux les mots ou les pensées :

Ainsi	Lorsque
Aussi	Mais
Car	Or (dist. de *hors*, prép.)
Cependant	Ou (sans accent, dist. de *où* adv. = en quel endroit...)
Comme	Pourtant
Donc	Puisque
Encore	Quand (dist. de *quant à*)
Et	Que (ne pas conf. avec *que* adv. = combien.)

Quoique (dist. de *quoi que* = quelle chose que)
Si (ne pas confondre avec *si* adv. = tellement)

Sinon

Soit

Tandis que.

Locutions conjonctives.

§ 136. — On appelle *locutions* (manières de parler) ou expressions conjonctives, de petites phrases qui jouent le rôle de conjonction.

Ex. : Afin que   De peur que

Ainsi que   Ou bien

Dès que   D'ailleurs... etc.

Tant que

Aussi longtemps que

Toutes les fois que

Aussi souvent que

III.

Liste des Prépositions.

§ 137. — DÉFINITION : Les prépositions sont des mots qui indiquent le rapport d'un mot à un autre :

à (accent grave)	hors (dist. de *or* conj.)	près
avant	hormis	sans
avec	malgré	selon
chez	moyennant	sur
contre	nonobstant	sous
dans	outre	touchant
de	par	vers
en, entre	parmi	
envers	pour	
excepté		

Locutions prépositives.

§ 138. — On appelle *locutions* (manières de parler) ou expressions *prépositives*, de petites phrases qui jouent le rôle de prépositions.

Ex. : A la place de...

A cause de...

A force de...

A l'égard de…
En dépit de…
En raison de…
Par rapport à…
Auprès de…
Autour de…
Loin de…

IIII.

Liste des Adverbes.

§ 139. — Définition : Les *adverbes* sont des mots qui indiquent en général la *manière* dont une chose *est* ou *est faite*; et en particulier l'*endroit*, le *moment*, l'*ordre* dans lesquels elle se fait, ou enfin l'*intensité* avec laquelle l'action se fait, c.-à-d. la quantité d'action produite.

§ 140. — Voulez-vous reconnaître pratiquement si un mot est un adverbe, adressez au verbe (ou à l'adjectif) qu'il accompagne une des questions suivantes :

Où? quand? comment? combien?

le mot que vous vous répondrez sera l'adverbe.

§ 141. — Ex. : *Les loups mangent gloutonnement.*
Comment mangent les loups ?
Rép. : *Gloutonnement.*
Gloutonnement est un adverbe.

§ 142. — *Vous m'apporterez mon livre demain.*
Quand m'apporterez-vous mon livre ?
Rép. : *Demain.*
Demain est un adverbe.

§ 143. — *Il m'a apporté beaucoup de cerises.*
Combien m'a-t-il apporté de cerises ?
Rép. : *Beaucoup.*
Beaucoup est un adverbe.

1°

§ 144. — ADVERBES **de manière**

(Indiquant en général la *manière* dont une chose est faite, répondant à la question *comment*).

Ils sont en général terminés en *ment* par m, e, n, t.

> proprement
>
> sagement
>
> vainement... etc.

et sont presque tous formés d'un adjectif.

§ 145. — Nous verrons plus tard que c'est du féminin de l'adjectif et de la terminaison *ment* qu'ils sont formés. (Voy. § 427.)

2º

§ 146. — ADVERBES **de lieu**

(Indiquant l'*endroit* dans lequel une chose est faite, répondant à la question *où ?*)

où (accent grave, dist. de *ou* conj. = ou bien)	deçà en-deçà	partout loin
céans (vieux mot = ici)	ci	y = là
ici	çà (acc. gr.)	ailleurs
là (accent grave, dist. de la article)	dedans dehors	autour alentour
delà (accent grave)	dessus	
au-delà	dessous	
	devant	
	derrière	

3º

§ 147. — ADVERBES **de temps**

(Indiquant le *moment* dans lequel une chose est faite. répondant à la question *quand?*)

Autrefois	avant
hier	jadis
aujourd'hui	maintenant
bientôt (un seul mot)	quelquefois
tantôt	naguère
demain	longtemps
souvent	désormais
jamais	toujours.

4º

§ 148. — Aux adverbes   temps il faut joindre les

Adverbes **d'ordre**

Qui ont avec eux de grandes analogies, indiquant l'*ordre* dans lequel les choses se font, répondant à la question : *à quel moment ?*

Premièrement,	auparavant
Secondement,	d'abord (avec apostrophe)
Troisièmement,	ensuite
—	puis
—	après (accent grave)
—	enfin.

5°

§ 149. — Adverbes **de quantité**

(Indiquant l'*intensité* avec laquelle une chose est faite, répondant à la question : *combien ?*)

Beaucoup	tant	tout	que !
Extrêmement	très (acc. gr.)	presque	si = tellement
Assez	davantage	encore	
Trop	entièrement	combien	

§ 150. — Auxquels il faut joindre les

Adverbes **de comparaison**

Plus	mieux	moins
Le plus	le mieux	le moins
Autant	aussi	si = aussi.

Locutions adverbiales.

§ 151. — On appelle *locutions* (manières de parler) ou expressions *adverbiales*, de petites phrases qui jouent le rôle d'adverbes

DE MANIÈRE	DE LIEU	DE TEMPS	DE QUANTITÉ
A tort	au-delà	plus tôt	tout-à-fait
A regret	en-deçà	plus tard	à tel point
A la hâte	au-dessus	tôt-ou-tard	au plus
A l'envi	au-dessous	dans peu	le plus
En vain	en haut	depuis peu	le moins
Par hasard	en bas	d'abord	

Avec soin   à côté
Avec...   nulle part
Sans doute
Point du tout

§ 152. — Ainsi nous voilà débarrassés de quatre espèces de mots qui ne peuvent plus donner de souci.

Quand, dans une phrase, on aura à écrire un adverbe, une préposition, une conjonction ou une interjection, on n'aura qu'à consulter les listes qui précèdent ; et il faut espérer qu'on sera bientôt assez familiarisé avec l'orthographe de ces mots invariables qui reviennent assez souvent dans le discours, pour ne consulter que sa mémoire.

II

MOTS VARIABLES.

§ 153. — Les cinq autres espèces de mots : les *noms* avec les *pronoms*, les *articles*, les *adjectifs* et les *verbes*, ont une orthographe qui *varie* suivant les circonstances.

Ils sont *variables*.

§ 154. — Et il est nécessaire et très-heureux qu'ils le soient, puisqu'ils peuvent s'appliquer soit au *mâle*, soit à la *femelle*, soit à *un seul*, soit à *plusieurs*.... et que les variations qu'ils subissent, dans ces différents cas, permettent d'indiquer aisément ou de voir du premier coup d'œil s'il s'agit d'un mâle ou d'une femelle, d'un seul ou de plusieurs.

§ 155. — Supposez qu'on ne puisse pas distinguer, à la seule tournure des mots eux-mêmes, si l'on parle d'*un* ou d'*une* ou de *plusieurs*, le sens des paroles et des phrases sera toujours obscur.

§ 156. — Indiquez-le par le plus petit changement, par telle petite addition qu'il vous plaira, et aussitôt la clarté règne dans le langage : vous vous faites comprendre ; vous vous comprenez mieux vous-même.

Du genre et du nombre.

§ 157. — C'est en effet ce qui a lieu.

Instinctivement les hommes ont distingué dans la langue parlée et devaient distinguer aussi, dans l'écriture, le *genre et le nombre* des mots.

§ 158. — On distingue sous le rapport du *genre* :

1º Les mots qui s'appliquent à des êtres *mâles* ou a des objets censés *mâles*, comme :

> Le *fort* lion qui rugit,
> Le *violent* orage qui éclate,

et on les appelle, pour cette raison, du latin *masculus*, mâle, des mots **masculins.**

§ 159. — 2º Les mots qui s'appliquent à des êtres femelles ou à des objets censés femelles, comme :

> La *forte* lionne qui rugit,
> La *violente* tempête qui éclate,

et on les appelle, pour cette raison, du latin *femina*, femme, des mots **féminins.**

§ 160. — On distingue sous le rapport de *nombre* :

1º Le cas où il ne s'agit que d'*un seul* être ou d'*un seul* objet, qu'il soit d'ailleurs masculin ou féminin, comme dans les exemples qui précèdent ; c'est ce qu'on appelle, pour cette raison (du latin *singulus*, un seul) **singulier.**

§ 161. — Le cas où il s'agit de *plusieurs* êtres ou de *plusieurs* objets, qu'ils soient masculins ou féminins, comme

MASC. Les *forts* lions qui rugissent,
Les *violents* orages qui éclatent.

FÉMI. Les *fortes* lionnes qui rugissent,
Les *violentes* tempêtes qui éclatent,

c'est ce qu'on appelle (du latin *plures* plusieurs), le **pluriel.**

§ 162. — A la seule inspection des mots dans ces quelques exemples, on voit, d'une manière générale, que les changements qui servent à distinguer les féminins des masculins, et leur pluriel de leur singulier, consistent dans des additions.

On a *ajouté* au féminin,

On a *ajouté* au pluriel.

§ 163. — A parler d'une manière générale — et, en grammaire on ne saurait formuler de règle absolue, tant la lente formation des langues a amené et consacré d'exceptions — à parler d'une manière générale, on peut dire :

§ 164. — 1° le signe caractéristique du féminin est, à la fin des mots, **e muet.**

§ 165. — 2° le signe caractéristique du pluriel est, à la fin des mots, **s**

§ 166. — Cela est si vrai qu'on appelle syllabe féminine toute syllabe ayant un *e* muet, toute syllabe muette ; et qu'au pluriel quand ce n'est pas un *s*, c'est un approchant de l'*s*, un *x* qu'on met.

§ 167. — Mais c'est trop longtemps parler d'une façon générale, passons à l'étude de chacun des *mots variables* en particulier.

I

DES NOMS.

§ 168. — DÉFINITION : Les *noms* sont des mots qui servent tout simplement à *nommer* les personnes ou les choses, les êtres ou les objets.

Des noms communs et des noms propres.

§ 169. — 1. Quand les noms désignent des êtres ou des objets qui ne se distinguent pas ou qu'on ne tient pas à distinguer spécialement des autres, quand ils n'en sont que la désignation ordinaire,

quand ils sont *communs* à tous les êtres et à
tous les objets de la même espèce, comme

roi, cheval, bateau,

qui peuvent se dire de tous les rois, de
tous les chevaux et de tous les bateaux,
ou les appelle des **noms communs.**

§ 170. — 2. Quand les noms désignent
des êtres ou des objets qui se distinguent
d'eux-mêmes des autres ou qu'on tient à
en distinguer, quand ils en sont la désignation extraordinaire et non plus la désignation commune, quand ce ne sont
plus des noms communs, comme

Pierre, qui est le nom d'un homme,
Lyon, — — d'une ville,
Dieu, — — de l'être suprême,
etc...

quand les noms sont ainsi une dénomi-
nation *propre* à un être spécial ou à un
objet particulier, on les appelle : **noms propres.**

§ 171. — Sont des noms propres, par
conséquent :

1° Tous les noms d'hommes.
2° Tous les noms de pays, etc.

§ 172. — REMARQUE. Précisément parce que les noms propres se distinguent des autres, *leur première lettre doit toujours
être une majuscule,* ce qu'on exprime en disant que :

Tous les noms propres s'écrivent par une majuscule.

§ 173. — L'oubli de cette majuscule serait moins une faute
d'orthographe qu'une faute de convenance. Raison de plus
pour l'éviter.

Du genre des noms.

§ 174. — 1° Sont *masculins* tous les mots qui désignent des
hommes ou des mâles.

§ 175. — Sont *féminins* tous les mots qui désignent des
femmes ou des femelles.

§ 176. — Les objets inanimés, qui n'ont pas de sexe, sont soit masculins, soit féminins, sans qu'il soit possible de dire précisément pourquoi l'usage l'a voulu ainsi.

Heureusement qu'il est facile de reconnaître de quel genre ils sont.

§ 177. — Voulez-vous savoir si un nom est masculin ou féminin, essayez si vous pouvez dire de lui *un* ou *une :*
Si vous pouvez dire *un*, il est *masculin*.
Si vous pouvez dire *une*, il est *féminin*.
> Ex. : Livre, *un* livre, *masculin*.
> Plume, *une* plume, *féminin*.

§ 178. — Nous avons dit que *le signe caractéristique du féminin est, en général, un E muet à la fin des mots*.

§ 179. — Le plus souvent, en effet, un nom féminin n'est que le nom masculin auquel on a tout simplement ajouté un *e* muet.

un *ami*,	une *amie*,
un *fermier*,	une *fermière*.

§ 180. — Quelquefois il y a redoublement de la consonne de la fin :

un *paysan*,	une *paysanne*,
un *chat*,	une *chatte*.

§ 181. — D'autres fois il y a un peu plus de différence :

un *tigre*,	une *tigresse*,
un *étourneau*,	une *étournelle*.

§ 182. — Mais on peut remarquer la tendance qu'ont les mots *à prendre au féminin une désinence muette*.

§ 183. — Les mots en *eur* font leur féminin :

Tantôt en *euse :*	un *voleur*,	une *voleuse*,
	un *trompeur*,	une *trompeuse;*
Tantôt en *eresse :*	un *vengeur*,	une *vengeresse*,
	un *enchanteur*,	une *enchanteresse*.

§ 184. — Les mots en *teur* font leur féminin le plus souvent en *trice :*

un *lecteur*,	une *lectrice*,
un *accusateur*,	une *accusatrice*,
un *directeur*,	une *directrice*.

§ 185. — REMARQUE. Nous verrons que la plupart de ces mots en *eur* et en *teur* sont parfois des adjectifs. (Voy. § 234.)

Du nombre des noms.

§ 186. — 1° Sont *singuliers* ou *au singulier* tous les noms masculins ou féminins qui ne désignent qu'*un seul* être ou qu'*un seul* objet.

§ 187. — 2° Sont *pluriels* ou *au pluriel* tous les noms qui désignent *plusieurs* êtres ou *plusieurs* objets.

Il est impossible de s'y tromper.

§ 188. — Nous avons dit que *le signe caractéristique du pluriel est, en général, un* s *à la fin des mots.*

§ 189. — 1° Le plus souvent en effet un nom pluriel n'est que le nom singulier auquel on a tout simplement ajouté un s.

Un *ami*,	deux *amis*,
Une *amie*,	trois *amies*,
Un *fermier*,	des *fermiers*,
Une *fermière*,	cinq *fermières*.

§ 190. — Si les noms ont déjà un *s* au singulier, comme *bras*, ou une consonne qui indique un son approchant de l'*s*, comme *x* dans *voix* ou *z* dans *nez*, il serait inutile de redoubler ce signe ou ce son au pluriel.

Donc : les noms terminés au singulier par s, x, z, *ne changent pas au pluriel :*

Un *nez*,	des *nez*,
Une *voix*,	des *voix*,
Un *bras*,	des *bras*...

§ 191. — 3° Tous les noms terminés au singulier

par *au* comme *tuyau*, — *eau* — *oiseau*, — *eu* — *feu*, } prennent un *x* au pluriel { des *tuyaux*, des *oiseaux*, des *feux*,

§ 192. — 4° Excepté quatre noms :

bal, *chacal*, *régal*, *carnaval*, } qui suivent la règle générale et font { des *bals*, des *chacals*, des *régals*, des *carnavals*.

§ 193. — Tous les noms terminés au singulier par *al* sont terminés au pluriel par *aux* (a, u, x).

Autrement dit :

Al est un singulier dont le pluriel fait *aux* :

      Un *cheval*,   cinq *chevaux*,

      Un *canal*,   les *canaux* de la France.

§ 194. — 5° *Six* noms en *ail* :

ail,				des *aulx*,
bail,				baux,
corail,	font aussi leur pluriel			coraux,
émail,	en *aux* :			émaux,
travail,				travaux,
soupirail,				soupiraux,

§ 195. — 6. *Sept* noms en *ou* :

bijou,				des *bijoux*,
caillou,				cailloux,
chou,				choux,
genou,	prennent un *x*			genoux,
hibou,	au pluriel :			hiboux,
joujou,				joujoux,
pou,				poux.

§ 196. — 7° *aïeul* fait *aïeux*.

        ciel   — *cieux* (au figuré : *ciels* de lit).

        œil   — *yeux* (—   *œils* de bœuf).

Des noms de nombres.

§ 197. — Il y a une classe de noms qui ne varient pas : ce sont les *noms de nombres*, ceux qui servent à compter, comme

        dix, *quinze*, *vingt*.

— On comprend que ces noms-là ne soient ni du masculin, ni du féminin, ni du singulier.

§ 198. — Deux d'entre eux pourtant, *vingt* et *cent*, dans certains cas, comme dans le cas suivant :

        quatre-vingts hommes,

        deux-cents soldats,

deviennent des noms comme les autres, puisque c'est comme si l'on disait :

        quatre *vingtaines* d'hommes,

        deux *centaines* de soldats,

et se soumettent alors à la règle générale : ils prennent la marque du pluriel, ils prennent un *s*.

§ 199. — Hors ces deux noms, *vingt* et *cent*, et hors ce cas-là, l'orthographe des noms de nombre est fixe : il faut la savoir par cœur.

§ 200. — Elle paraîtrait moins bizarre si on savait le latin d'où sont tirés la plupart des noms de nombres :

un	*cinq*	*neuf*	*treize*
deux	*six*	*dix*	*quatorze*
trois	*sept*	*onze*	*quinze*
quatre	*huit*	*douze*	*seize.*

§ 201. — REMARQUE. Quand deux noms de nombres différents servent à en former un seul, on les sépare ou plutôt on les unit par un *petit trait d'union :*

dix-sept	trente	quatre-vingt
dix-huit	quarante	quatre-vingt-dix
dix-neuf	cinquante	cent
vingt	soixante	mille
vingt-et-un	septante (mieux soixante-dix)	million.

§ 202. — REMARQUE. Beaucoup de grammairiens rangent les *noms de nombres* parmi les *adjectifs* sous le nom d'adjectifs *numéraux cardinaux* (ou adjectifs qui servent à compter (lat. *numérus :* je calcule) et à former les nombres (lat. *cardo :* base).

Nous les classons parmi les *noms* pour l'unique et simple raison que ce sont en réalité les *noms* des nombres.

II

DES ARTICLES.

§ 203. — DÉFINITION : Les *articles* sont des mots qui servent à tirer les noms du vague, qui déterminent les noms.

§ 204. — Quand je dis :

Pauvreté n'est pas vice,

je parle d'une manière tout à fait générale ; mais si je dis :

LA *pauvreté n'est pas* LE *vice de Crésus,*

je spécifie, je détermine, je dis de quelle pauvreté et du vice de qui il est question. Ce sont les mots *le* et *la* qui me rendent ce service.

Le et *la* sont des *articles*.

§ 205. — RÈGLE : *Les articles s'accordent avec les noms*, c'est-à-dire que :

Si le nom est masculin, l'article l'est aussi.

—	féminin,	—	—
—	singulier,	—	—
—	pluriel,	—	—

§ 206. —   ARTICLE :

Masculin		Féminin
Singulier : LE *roi.*		LA *reine.*
Pluriel : LES *rois.*		LES *reines.*

Elision de l'article.

§ 207. — Quand les articles *le* ou *la* se trouvent devant un mot commençant par une voyelle, comme

> *le enfant , la industrie,*

ils seraient durs à prononcer.

Dans ce cas, on ne prononce pas leur voyelle, et par conséquent, il serait inutile de la tracer dans l'écriture. On ne l'écrit pas non plus ; mais, pour montrer qu'on sait qu'elle y devrait être, après l'avoir ainsi fait disparaître, après l'avoir, comme on dit, ainsi *élidée ,* on la remplace par le signe ' placé à droite de l'*e* et en haut ; signe qu'on appelle du grec *apo ,* loin de, et *strophé ,* détournement, enlèvement, une *apostrophe.*

Et l'on écrit ;

> *l'enfant , l'industrie.*

§ 208. — La même *élision* a lieu devant une *h muette ,* puisque nous avons dit que l'*h* muette ne sonne pas, ne compte pas.

> *L'homme , l'histoire.*

§ 209. — REMARQUE. Du reste l'*élision* se pratique toutes les fois que deux voyelles en se heurtant dans le langage et dans l'écriture produiraient un son désagréable, et naturellement alors l'*apostrophe* joue son rôle.

> Au lieu de *quelque un ,* on dit *quelqu'un.*
>
> — *plus de amitié , — plus d'amitié.*

Article composé.

§ 210. — Il faut savoir *dénicher* les articles quand ils ne se voient pas.

Quand je dis :

> *Fleur de la tulipe,*

l'article *la* est très-reconnaissable ;

§ 211. — Mais quand je dis :

> *Fleur* DU *baguenaudier,*

l'article ne se voit plus ; il est caché dans le mot *du*, qui est mis pour *de le*.

§ 212. — De même, dans cette phrase :

> *Présentez l'arme* AU *roi,*

au est mis pour *à le*.

Si on parlait d'une reine, on dirait :

> *Présentez l'arme* A LA *reine.*

§ 213. — Ces mots, composés d'un article et d'une préposition (*à* ou *de*), s'appellent tout simplement des *articles composés*.

§ 214. — Comme on a contracté deux mots en un seul, quelques grammairiens les appellent aussi *articles contractés*.

§ 215. — ARTICLES :

Masculin	Féminin
Sing. le roi,	*la* reine,
du roi (pour *de le* roi),	*de la* reine,
au roi (pour *à le* roi),	*à la* reine,
Plur. les rois,	*les* reines,
des rois (pour *de les* rois),	des reines (pour *de les* reines),
aux rois (pour *à les* rois).	aux reines (pour *à les* reines).

III

DES ADJECTIFS.

§ 216. — DÉFINITION : Les *adjectifs* sont des mots qui indiquent les qualités des noms.

Différentes sortes d'adjectifs.

§ 217. — On distingue 4 sortes d'adjectifs.

§ 218. — 1° Ceux qui indiquent
réellement une qualité, comme

UN CHAPEAU **NEUF**,

sont des **adjectifs qualificatifs.**

§ 219. — 2° Ceux qui ne font que
montrer la chose, la personne,
comme

CE LIVRE,

sont des **adjectifs démonstratifs.**

§ 220. — 3° Ceux qui indiquent
la possession, comme

MON CAHIER,

sont des **adjectifs possessifs.**

§ 221. — 4° Ceux qui ne font
qu'indiquer l'ordre, le rang,
comme

TROISIÈME CHAPITRE,

sont des **adjectifs numéraux.**

§ 222. — RÈGLE. *Les adjectifs s'accordent avec les noms*, c'est-
à-dire que :

Si le nom est masculin, l'adjectif l'est aussi.

—	féminin,	—	—
—	singulier,	—	—
—	pluriel,	—	—

1° Adjectifs qualificatifs.

§ 223. — Les *adjectifs qualificatifs* sont ceux qui indiquent
une qualité quelconque des noms.

DU GENRE DANS LES ADJECTIFS QUALIFICATIFS.

§ 224. — 1° En général, comme pour les noms, le signe
caractéristique du féminin dans les adjectifs qualificatifs, est
un e muet ajouté à la fin des mots :

Un *grand* roi,   une *grande* reine,

Le *petit* cheval,   la *petite* voiture.

A moins qu'il y ait déjà un *e* muet, auquel cas le féminin est le même que le masculin :

Un *honnête* homme,   une *honnête* femme.

§ 225. — 2° Les adjectifs terminés par :

el comme *cruel*,		Ne se contentent pas	*cruelle*,
eil — *pareil*,		de prendre un *e* muet ;	*pareille*,
en — *ancien*,		ils doublent au féminin	*ancienne*,
on — *bon*,		leur dernière consonne	*bonne*,
et — *sujet*,		et font :	*sujette*.

§ 226. 3° Pourtant *six* adjectifs en *et* ne redoublent pas au féminin leur dernière consonne. Dans ce cas l'avant-dernière syllabe s'allonge un peu et prend un accent grave :

complet,	*complète*,	*concret*,	*concrète*,
discret,	*discrète*,	*inquiet*,	*inquiète*,
secret,	*secrète*,	*replet*,	*replète*.

§ 227. 4° Les adjectifs terminés en *ier*, comme *entier*, allongent aussi leur avant-dernière syllabe au féminin et *prennent un accent grave* :

entier,	*entière*,	*rentier*,	*rentière*,
premier,	*première*,	*dernier*,	*dernière*.

§ 228. — 5° Les adjectifs suivants :

bas,		*basse*,
gros,		*grosse*,
gras,		*grasse*,
las,	Doublent leur dernière consonne et font :	*lasse*,
sot,		*sotte*,
nul,		*nulle*,
épais,		*épaisse*,
gentil,		*gentille*.

§ 229. — 6. Les adjectifs

beau,	qui font aussi au masculin, et devant une voyelle :	*bel*,	font au féminin, en redoublant l'*l* :	*belle*,
nouveau,		*nouvel*,		*nouvelle*,
fou,		*fol*,		*folle*,
mou,		*mol*,		*molle*,
vieux,		*vieil*,		*vieille*.

§ 230. — 7° Autres irrégularités à retenir :

juif,		*juive,*		*juife,*
naïf,		*naïve,*		*naïfe,*
bref,	font	*brève,*	au lieu de	*brèfe,*
neuf,		*neuve,*		*neufe,*
Les adj. en *f,*		*… ve,*		*neufe,*

qui, à cause de l'*e* muet ne se distingue-rait pas assez du masculin.

§ 231. 8° *Dangereux,* *Jaloux,* Les adjectifs en *x,* font *dangereuse,* *jalouse,* *….. se,* au lieu de *dangereuxe,* *jalouxe.* improno̧ça-ble.s

§ 232. — Mais *doux* fait *douce.*

> *roux — rousse.*
>
> *faux — fausse.*

§ 233. — 9° Les adjectifs en *eur* font :

1° Tantôt *eure* :

meilleur,	*meilleure,*
majeur,	*majeure,*
mineur,	*mineure,*
antérieur,	*antérieure,*
inférieur,	*inférieure,*
supérieur,	*supérieure,*
postérieur,	*postérieure,*

2° Tantôt *euse* :

trompeur,	*trompeuse,*
parleur,	*parleuse,*
travailleur,	*travailleuse,*

3° Tantôt *eresse* :

pécheur,	*pécheresse,*
vengeur,	*vengeresse,*
enchanteur,	*enchanteresse,*
chasseur,	*chasseresse,*
devineur,	*devineresse,*

§ 234. — 10° Les adjectifs en *teur* font :

1° Tantôt *teuse* :

menteur,	*menteuse,*
chanteur,	*chanteuse,*

2° Plus souvent *trice* :

débiteur,	*débitrice,*
lecteur,	*lectrice,*
accusateur,	*accusatrice,*
bienfaiteur,	*bienfaitrice,*
persécuteur,	*persécutrice,*
directeur,	*directrice.*

§ 235. — Les adjectifs :

blanc,		blanche,	
franc,		franche,	france.
ces,		sèche,	sèce.
frais,		fraîche,	fraise.
turc,		turque,	turce.
public,		publique,	
caduc,	font	caduque,	
grec,		grecque,	grèce.
malin,		maligne,	maline.
bénin,		bénigne,	
long,		longue,	longe.
favori,		favorite,	

(pour éviter des cacophonies et des calembourgs)

DU NOMBRE DANS LES ADJECTIFS QUALIFICATIFS.

§ 236. — 1° En général, comme pour les noms, le signe caractéristique du pluriel, dans les adjectifs qualificatifs, *est un* s *ajouté à la fin des mots.*

Un *petit* garçon,	trois *petits* garçons.
Une *petite* fille,	trois *petites* filles.

§ 237. — 2° Si les adjectifs ont déjà un *s* au singulier, comme *épais*, ou un son approchant de l'*s* comme *x* dans le mot *doux*, il serait inutile de redoubler ce signe au pluriel.

Un *épais* rideau,	d'*épais* ombrages.
Le *doux* printemps,	les *doux* zéphirs.

§ 238. — 3° Tous les adjectifs dont le singulier est en *au*, comme :

beau,	prennent un *x* au pluriel :	beaux,	
nouveau,		nouveaux,	

§ 239. — 4° Excepté 6 adjectifs :

fatal,		fatals,	
glacial,		glacials,	
filial,	qui suivent la règle géné-	filials,	
initial,	rale et font :	initials,	
final,		finals,	
frugal,		frugals,	

§ 240. — Tous les adjectifs terminés au singulier par *al*, sont terminés au pluriel par *aux* (a, u, x) :

Egal,   *égaux,*   *moral,*   *moraux.*

RÈGLES PARTICULIÈRES AUX ADJECTIFS QUALIFICATIFS.

§ 241. — 1° Un adjectif qui se trouve qualifier à la fois plusieurs noms, se rapporte, en réalité, *à un pluriel*, et doit être mis *au pluriel*.

Le berger et le roi sont ÉGAUX *devant Dieu.*

§ 242. — 2° Si les noms ne sont pas du même genre, il faudra que l'un des deux ait le pas, et ce sera le masculin.

Le frère et la sœur sont PRÊTS *à partir.*

§ 243. — 3° Les adjectifs qualificatifs se placent tantôt *devant*, tantôt *après* les noms, et leur place n'est pas tout à fait indifférente.

Un *homme grand* veut dire un homme de haute taille,
Un *grand homme*   —   un homme de haut caractère.

Du positif, du comparatif et du superlatif.

§ 244. — Si je parle de la *rose* et que je dise :

La rose est belle,

j'affirme d'*une manière positive* que cette fleur a cette qualité et l'adjectif qui l'exprime ainsi *positivement* est au   **positif.**

§ 245. — Si je dis :

La rose est plus belle que la violette,
Ou : *La rose est moins belle que le camélia,*

je *compare* cette qualité de la rose, la beauté, à la beauté de deux autres fleurs... et mon adjectif ainsi entouré des mots *plus que*, *moins que*, qui indiquent la *comparaison*, est au   **comparatif.**

§ 246. — Enfin si je dis :

La rose est la plus belle des fleurs,
Ou : *La rose est la moins durable des fleurs,*

j'exprime que sa beauté est *supérieurement* belle ou sa durée *supérieurement* courte, et mon adjectif ainsi entouré des mots *la plus*, *la moins*, qui indiquent un maximum de beauté ou un minimum de durée, cette beauté *suprême* ou cette *suprême* brièveté, est au   **superlatif.**

§ 247. — Ces distinctions du reste sont moins importantes en français qu'**en** latin.

Dans cette dernière langue les mots changent de forme suivant qu'ils sont à l'un ou à l'autre de ces degrés.

§ 248. — Il faut seulement savoir qu'en français

bon, fait au comparatif *meilleur que*, et au superlatif *le meilleur*
mauvais, — *pire que*, — *le pire*
petit, — *moindre que*, — *le moindre*.

§ 249. — Pour dire *le plus grand*, on emploie aussi le mot latin *maximum*.
— *le plus petit*, — — *minimum*.

2° Adjectifs démonstratifs.

§ 250. — Les adjectifs démonstratifs sont ceux qui servent à montrer les objets.

§ 251. —

	Masculin	Féminin
Sing.	*ce.*	
	cet (devant une voyelle)	*cette.*
Plur.	*ces*	*ces.*

3° Adjectifs possessifs.

§ 252. — Les *adjectifs possessifs* sont ceux qui indiquent la possession.

§ 253. — Singulier

1° *Un seul objet*, un seul possesseur.

Masculin	Féminin
Mon (chapeau)	*Ma (montre).*
Ton —	*Ta* —
Son —	*Sa* —

2° *Un seul objet*, plusieurs possesseurs.

Masculin et Féminin.

Notre (maison).
Votre —
Leur —

§ 254. — Pluriel

1° *Plusieurs objets*, un seul possesseur.

Masculin et Féminin

Mes (bottes).
Tes —
Ses —

2º *Plusieurs objets*, plusieurs possesseurs.

Masculin et Féminin

Nos (amis).

Vos —

Leurs —

4º Adjectifs numéraux.

§ 255. — Les *adjectifs numéraux* sont ceux qui indiquent, par des nombres, l'*ordre*, le rang. Quelques grammairiens les appellent *noms de nombres ordinaux.*

§ 256. — En général terminés en *ième* avec un accent grave.
Premier.
Second (— *deuxième*, s'il n'y en a que deux —).
Troisième.
Quatrième.
Vingtième.
Centième.
Millième.
...etc...

§ 257. — (Mêmes règles que pour les adjectifs qualificatifs).

IV

DES PRONOMS.

§ 258. — DÉFINITIONS : Les *pronoms* sont des mots qui tiennent la place des noms.

§ 259. — Différentes sortes de pronoms.

On distingue 6 sortes de pronoms :

§ 260. — 1º Ceux qui désignent les personnes comme *il* et *nous*, dans cette phrase :

IL *est venu* NOUS *voir*,

sont des **pronoms personnels.**

§ 261. — 2° Ceux qui tiennent la place d'un objet que l'on possède, comme les mots *le vôtre*, dans cette phrase :

Rendez-moi mon chapeau et reprenez LE VÔTRE,

sont des **pronoms possessifs.**

§ 262. —. 3° Ceux qui tiennent la place d'un mot pour en indiquer la *relation* avec ce qui suit, comme le mot *que*, dans cette phrase :

Buvez le remède QUE *le médecin à ordonné*,

sont des **pronoms relatifs.**

Appelés aussi, parce qu'il joignent avec, **pronoms conjonctifs.**

§ 263. — 4° Ceux qui servent à interroger, comme *quel*, dans cette phrase :

QUEL *temps fait-il ?*

sont, naturellement des **pronoms interrogatifs.**

§ 264. — 5° Ceux qui remplacent des personnes ou des choses que l'on montre, comme *celui*, dans cette phrase :

Le roi d'Italie et CELUI *de Bavière*,

sont des **pronoms démonstratifs.**

§ 265. — 6° Enfin ceux qui dont le sens est général, *indéfini*, comme *chacun* dans cette phrase :

CHACUN *sait où le bât le blesse*,

sont des **pronoms indéfinis.**

Quelquefois appelés *adjectifs indéfinis*.

§ 266. — RÈGLE : Les pronoms s'accordent avec les noms, c'est-à-dire que :

§ 265. — RÈGLE : Les pronoms s'accordent avec les noms, c'est-à-dire que :

Si le nom est masculin, le pronom l'est aussi.

—   féminin,   —   —

—   singulier,   —   —

—   pluriel,   —   —

§ 266. — DU GENRE ET DU NOMBRE DES PRONOMS.

Les modifications qui indiquent le féminin et le pluriel des pronoms ne sont pas soumises à des règles fixes. On sera obligé de consulter les tableaux ci-après. Mais il y a un si petit nombre de pronoms que leur orthographe est vite apprise par cœur.

§ 267. — **1° Pronoms personnels.**

Dans cette phrase :

JE TE *te dis qu'*IL *viendra*,

il s'agit de *trois personnes* différentes.

La *première personne*, c'est *moi* qui parle ;

La *deuxième personne*, c'est *toi* à qui je parle ;

La *troisième personne*, c'est *lui* dont je parle.

§ 268. — On voit donc qu'il y a toujours *trois personnes* représentées ou censées représentées par des pronoms quand on parle.

La première, est celle qui parle.

La seconde, celle à qui l'on parle.

La troisième, celle de qui l'on parle.

§ 269. — Ces personnes peuvent, de plus, être du masculin ou du féminin ; elles peuvent aussi être plusieurs.

§ 270. — De là *trois* espèces de pronoms qui représentent les personnes, trois espèces de *pronoms personnels*.

§ 271. — PRONOM RÉFLÉCHI DE LA 3me PERSONNE. — Il y a même, pour la 3me personne, un deuxième pronom, fort utile, qui s'emploie lorsque la 3me personne a besoin de se représenter elle-même, de se *réfléchir* en quelque sorte sur elle-même, et qu'on appelle *pronom réfléchi*.

5

§ 272. — Tableau des pronoms personnels.

	1ʳᵉ Personne M. — F.	2ᵉ Personne M. — F.	3ᵉ Personne : Pron. réfl. M. — F.	M. — F.
Sing.	Je Moi Me	Tu Toi Te	Il elle Lui Le La	— Soi Se
Plur.	Nous — — —	Vous — — —	Ils elles Eux — Leur Les	— — Soi Se

§ 273.— Remarque. Quand on veut témoigner de la déférence à quelqu'un, on lui dit *vous* au lieu de *tu*. Mais ce *vous* est, naturellement, *singulier*.

§ 274. — Observation. Quelquefois la préposition *à* est sous-entendue devant la plupart de ces pronoms ; il est très-important, mais il est en même temps très-facile de s'habituer à la reconnaître :

Ex. : *Dis-moi* = *dis à moi.*
Je te dis = *je dis à toi.*
Il se pense = *il pense à lui* ou *en lui.*
Jean vous écrira = *écrira à vous*, etc. (S'exercer.)

2° Pronoms possessifs.

§ 275. — Les *pronoms possessifs* tiennent la place du nom de l'objet possédé. — Ne pas les confondre avec les *adjectifs possessifs*.

§ 276. — SINGULIER.

1° *Un seul objet*, un seul possesseur.

	Masc.	Fém.
1ʳᵉ personne ,	le mien ,	la mienne,
2ᵉ —	le tien,	la tienne ,
3ᵉ —	le sien,	la sienne.

2° *Un seul objet*, plusieurs possesseurs.

	Masc.	Fém.
1ʳᵉ personne,	*le nôtre* (acc. circ.),	*la nôtre* (acc. circ.),
2ᵉ —	*le vôtre* —	*la vôtre* —
3ᵉ —	*le leur*,	*la leur*.

§ 277. — PLURIEL.

1° *Plusieurs objets*, un seul possesseur.

	Masc.	Fém.
1ʳᵉ personne,	*les miens*,	*les miennes*,
2ᵉ —	*les tiens*,	*les tiennes*,
3ᵉ —	*les siens*,	*les siennes*.

2° *Plusieurs objets*, plusieurs possesseurs.

Masc. et Fém.

1ʳᵉ personne,	*les nôtres* (acc. circ.),
2ᵉ —	*les vôtres*, —
3ᵉ —	*les leurs*.

§ 278. — REMARQUE. Se distingue de l'adjectif possessif *ma*, *ta*, *ses*, etc., par la présence de l'article.

3° Pronoms relatifs.

§ 279. — Les *pronoms relatifs* tiennent la place des noms dans leurs *relations* avec les mots d'une phrase.

§ 280. — Au lieu de cette lourde phrase :

Vous attendiez l'argent et vous aviez reçu avis de l'argent, l'argent s'est perdu en route,

dans laquelle le mot *argent* est répété trois fois ; si on remplace deux fois ce mot par un pronom *relatif* qui le mette en rapport, en relation, avec tout le reste, on aura une phrase coulante et claire :

Ex. : *L'argent* QUE *vous attendiez, et* DONT *vous aviez reçu avis, s'est perdu en route.*

Que et *dont* sont des *pronoms relatifs*.

§ 281. —   TABLEAU DES PRONOMS RELATIFS.

	Masc.	M. et F.	Fém.
Sing.	lequel	Qui (sujet)	laquelle
	duquel	dont	de laquelle
	auquel		à laquelle
	lequel	que (compl.)	laquelle
	quoi		
Plur.	lesquels	Qui (sujet)	lesquelles
	desquels	dont	desquelles
	auxquels		auxquelles
	lesquels	que (compl.)	lesquelles.

4° Pronoms interrogatifs.

§ 282. — Ils servent à interroger, quelquefois à s'exclamer, et l'on doit, évidemment, suivant le cas, terminer la phrase qu'ils commencent par un point d'interrogation (?) ou par un point d'exclamation (!).

§ 283. —

	Masc.	Fém.
	Quel ?	*Quelle ?*

Et tous les pronoms relatifs du tableau précédent, quand on s'en sert pour interroger...

5° Pronoms démonstratifs.

§ 283 *bis*. — Ce sont ceux qui tiennent la place des personnes ou des choses que l'on montre du doigt. Ils sont formés des pronoms personnels accolés au *c* caractéristique des adjectifs démonstratifs, avec lesquels il ne faut pas les confondre.

En les joignant par un trait d'union
à l'adverbe *ci* on désigne les *objets rapprochés*,
—   *là*   —   *objets éloignés.*

	Masc.	Fém.
Sing.	*celui*	*celle*
	celui-ci	*celle-ci*
	celui-là	*celle-là*
	ceci	
	cela	
Plur.	*ceux.....qui*	*celles.....qui*
	ceux-ci	*celles-ci*
	ceux-là	*celles-là.*

AUTRES PRONOMS DÉMONSTRATIFS.

§ 284. — Aux pronoms démonstratifs ci-dessus, il faut ajouter :

1° *En*, quand il signifie : *de la chose en question*.

Ex.: *J'en parlerai* (de la chose en question) *à l'empereur*.

2° *Y*, quand il signifie : *à la chose en question*.

Ex. : *Vous* Y *consentirez* (à la chose en question).

6° Pronoms indéfinis.

§ 285. — Ce sont ceux qui tiennent la place de choses ou de personnes inconnues, tout au moins *indéfinies*.

M.	F.	M.	F.
	On	*certain*	*certaine*
quiconque		*tel*	*telle*
	quelque	*nul*	*nulle*
quelqu'un	*quelqu'une*	*même*	
aucun	*aucune*	*plusieurs*	
	chaque	*tout*	*toute*
chacun	*chacune*	*tous.*	*toutes.*
autre			
l'un	*l'une*		
	l'autre		
	autrui		

(Dont plusieurs sont parfois de simples adjectifs).

V

DU VERBE.

§ 286. — De tous les mots de la langue française, il n'en est peut-être pas qui offre plus de difficultés que le verbe. Qu'on fasse bien attention.

§ 287. — DÉFINITION : Le *verbe* est un mot qui exprime une action.

Ex. : Qui *veut voyager* loin *ménage* sa monture.
Mangez, buvez, dormez et *faisons* feu qui *dure.*
(RACINE : *les Plaideurs.*)

§ 288. — Il y a un verbe qui exprime, non pas une action, mais un *état*, c'est le verbe *être, je suis*, qui fait bande à part.

Du sujet du verbe.

§ 289. — A moins qu'on se contente de nommer le verbe par son nom, sans rien préciser, sans rien *définir*, à moins qu'on ne dise par exemple :

aimer, finir, recevoir, rendre,

ce qui s'appelle l'*infinitif* du verbe, l'action,
il faut toujours que *quelqu'un* la fasse ; ce *quel-qu'un*, qu'il importe beaucoup de savoir trouver dans la phrase, il est avec raison nommé
le   **sujet.**

§ 290. — Voulez-vous pratiquement reconnaître le sujet d'un verbe, adressez à ce verbe la question : *qui est-ce qui a fait cela* ? Ce que vous répondrez sera le sujet.

§ 291. Ex. : 1° *L'âne brait.*
2° *Le berger frappe son chien.*

1° Qui est-ce qui brait ? Rép. : l'âne. L'*âne*, voilà le sujet de *brait.*

2º Qui est-ce qui frappe son chien? Rép. : le berger. Le *berger*, voilà le sujet de *frappe*. (S'exercer.)

Du complément direct du verbe.

§ 292. — Dans le premier de ces exemples :
> *l'âne brait*,

l'action de *braire* ne *sort* pas du sujet qui la fait ; tandis que, dans le second :
> *le berger frappe son chien*,

l'action de *frapper* semble *sortir* du sujet pour *passer,* par exemple, sous la forme de coups de bâton, sur un autre objet, qui est le chien.

En d'autres termes, on peut dire, tout court :
> *l'âne brait ;*

tout le monde comprend, et le sens est fini.

Tandis qu'on ne peut pas dire tout court :
> *le berger frappe...*

la phrase n'est pas achevée, le sens n'est pas complet, l'esprit n'est pas satisfait, il attend quelque chose, il demande qui..... et les mots *son chien* qui répondent à cette question, sont nécessaires pour *compléter* la pensée et pour la compléter *directement*, aussi les appelle-t-on le *complément direct* du verbe *frappe*.

§ 293. — Il importe aussi beaucoup de savoir trouver dans une phrase le complément direct d'un verbe.

§ 294. — Voulez-vous reconnaître pratiquement le *complément direct* d'un verbe, demandez au sujet *qui* ou *quoi* il tient sous son action. Ce que vous vous répondrez sera le complément direct.

§ 295. — Ex. : *Jacques mange sa pomme.*
Jacques mange *quoi ?* Rép. : *Sa pomme.*
Sa pomme, voilà le *complément direct* de mange. (S'exercer.)

Du complément indirect du verbe.

§ 296. — Les mots qui ne complètent pas directement l'idée du verbe, qui ne servent à la compléter que par l'intermédiaire d'autres mots, comme lorsqu'on dit :

Il fond SUR *les ennemis;*

ces mots qui ne sont rattachés au verbe qu'*indirectement*, sont appelés le *complément indirect* du verbe.

Sur qui fond-il ! — *Sur les ennemis.*
Les ennemis, voilà le *complément indirect* de *fond*.

REMARQUE : Il vaudrait mieux dire que ces mots-là sont les compléments des prépositions — (comme cela se fait pour le latin).

Différentes sortes de verbes.

§ 297. — Maintenant que nous savons trouver, dans les phrases, les sujets et les compléments directs, il nous est possible de distinguer deux classes de verbes :

§ 298. — 1° verbes dont l'action semble sortir du sujet et se *transmettre* à un autre objet et qu'on appelle, pour cette raison, (du latin *transitivus*, qui transmet) **verbes transitifs.**

NOTA. — Ces verbes ont toujours un complément direct.

§ 299. — 2° verbes dont l'action au lieu de sortir du sujet pour se porter vers un autre objet, semble au contraire rester dans le sujet lui-même, et appelés, pour cette raison, d'un mot qui veut dire le contraire de *transitifs* **verbes intransitifs.**

AUTRE CLASSIFICATION.

§ 300. — Il y a une autre manière assez artificielle et par conséquent moins scientifique de classer les verbes; il est bon de ne la point ignorer.

§ 301. — 1° Verbes dont le sujet *fait l'action*, dont le sujet est *agissant*.

J'ai GAGNÉ *vingt sous*,

appelés **verbes actifs.**

§ 302. — 2° Verbes dont le sujet *supporte* l'action, comme

Je suis trompé,

appelés, du latin *passivus*, qui supporte, **verbes passifs.**

§ 303. — 3° Verbes dont le sujet fait simplement l'action, sans la faire supporter, sans la supporter lui-même, qui ne sont ni *actifs*, ni *passifs*, comme :

Je pars,

appelés, du latin *neuter*, ni l'un, ni l'autre, **verbes neutres.**

§ 304. — 4° Verbes dont le sujet fait l'action et la supporte tout ensemble, dans lesquels l'action, partie du sujet, revient, se réfléchit vers le sujet, comme :

Je me promène,

appelés, pour cette raison, **verbes réfléchis.**

ou, parce qu'ils emploient double pronom, **verbes pronominaux.**

§ 305. — 5° Verbes auxquels on ne saurait donner pour sujet, faute de mieux, que le pronom *il*, comme :

Il pleut,

on les appelle, parce qu'ils n'ont *personne* pour sujet,   **verbes impersonnels.**
ou, parce qu'ils ne sont employés qu'à *une* personne,   **verbes unipersonnels.**

§ 306. — Règle : *Les verbes s'accordent avec leurs sujets.*

Des variations du verbe.

§ 307. — D'après tout ce qui a été dit, les verbes ne sauraient avoir pour sujet que des noms ou des pronoms (qui tiennent la place des noms).

DU GENRE, DU NOMBRE ET DE LA PERSONNE DANS LES VERBES.

§ 308. Ces noms ou pronoms peuvent être non-seulement du masculin ou du féminin, du singulier ou du pluriel, mais encore de la première, de la seconde ou de la troisième personne.

§ 309. — Il n'est peut-être pas bien nécessaire que l'on connaisse, à la simple vue du verbe, si c'est un masculin ou un féminin qui est le sujet, puisque le mot lui-même est là pour le dire ; mais il importe qu'on puisse reconnaître rapidement s'il s'agit d'un ou de plusieurs et surtout si c'est la 1re, la 2e ou la 3e personne qui fait l'action.

§ 310 — Le Verbe est un mot flexible qui se plie docilement à ces exigences et laisse voir, dans les variations auxquelles il se soumet, quelquefois le genre, toujours le nombre et la personne du sujet qui le commande, ce qui est très-commode et très-utile.

DES MODES.

Mais ce n'est pas tout.

§ 311. — Il n'y a qu'une manière de présenter un nom, mais il y a plusieurs manières de présenter un verbe.

§ 312. — 1º On peut se contenter de nommer l'action d'une manière générale et pour ainsi dire *infinie*.

2º On peut ne pas parler de l'action, mais d'un état dans lequel elle est ou produite ou subie et qui dans tous les cas *participe* de l'action.

3º On peut *commander* l'action.

4º On peut *indiquer* l'action.

5º On peut *souhaiter* l'action.

6º On peut vouloir dire que dans telle ou telle *condition* elle se ferait.

§ 313. — Ces différentes *manières* d'être du verbe sont appelés par les grammairiens, du latin *modus*, qui signifie : manière, les *modes* du verbe.

§ 314. — 1º Quand on se contente de nommer l'action d'une manière générale, qui ne précise rien, *infinie*, comme lorsqu'on dit :

aimer, finir, recevoir, rendre,
c'est le *mode*   **Infinitif.**

§ 315. — 2º Quand on commande que l'action se fasse,

VENEZ, PARTONS, PORTEZ-*armes !*
c'est, du latin *impero :* j'ordonne, le mode **Impératif.**

§ 316. — 3º Quand on affirme simplement que l'action se fait, qu'on l'*indique* seulement,

Pierre JOUE, *Alexis* VIENDRA, *Léonidas* A VAINCU, c'est le mode   **Indicatif.**

§ 317. — 4° Quand on dit qu'elle se ferait si telle ou telle *condition* était remplie,

Jules VIENDRAIT *s'il était invité,* c'est le mode **Conditionnel.**

§ 318. — 5° Quand on désire ou que l'on craint qu'elle se fasse :

Je souhaite qu'il PLEUVE, et que le verbe en question est ainsi subordonné à ce mouvement de désir ou de crainte, etc., c'est, du latin *subjunctus* subordonné, le mode **Subjonctif.**

§ 319. — 6° Enfin, quand il n'est question que d'un état,

aimant, tué, perdu, le mot qui exprime cet état, cessant d'être le verbe, mais participant encore du verbe, c'est le . **Participe.**

§ 320 — Et à chacun de ces modes correspondent des formes particulières du verbe.

Cela ne suffit point encore.

Des temps du Verbe.

§ 321. — La chose peut se passer au moment ou je parle, dans le **Présent.**

Elle peut s'être passée il y a un moment, ce matin, hier ou plus tôt, dans le **Passé.**

Elle peut ne se passer que dans un instant, ce soir, demain, ou plus tard, dans le **Futur.**

§ 322. — On voit que la question des *temps* joue un grand rôle dans les verbes.

Le verbe qui se transforme déjà suivant le nombre, la personne ou le mode, devra se modifier aussi suivant le temps.

§ 323. — On distingue d'abord, d'une manière générale, l'emploi du verbe.

au *présent*,

au *passé*,

au *futur*.

§ 324. — 1° Au *présent*. Il n'y a et ne peut y avoir qu'une forme :

Je lis.   **Présent**.

§ 325. — 2° Au *passé*. 1° L'action, toute passée qu'elle est pouvait ne pas l'être au moment ou une autre s'accomplissait :

Je LISAIS *ce livre quand vous êtes entré,* elle n'est qu'imparfaitement passée :   **Imparfait**.

§ 326. — 2° L'action peut être passée, et dans une période de temps *définitivement* passée elle-même :

Je LUS *ce livre l'an passé, hier, la semaine dernière.*   **Passé défini**.

§ 327. — 3° L'action peut être passée sans que l'heure, le jour, l'année, etc., la période du temps dans laquelle elle s'est accomplie soit elle-même définitivement écoulée :

*J'*AI LU *ce livre ce matin, ce printemps, cette année.*   **Passé indéfini**.

§ 328. — 4° L'action peut être passée et de plus être *antérieure* à une autre déjà passée :

*Je partis quand j'*EUS LU *ce livre,* c'est le passé *antérieur*   **Passé antérieur**.

§ 329. — 5° L'action peut être passée et *plus que passée*, supposant qu'une autre s'est passée elle-même depuis :

*J'*AVAIS LU *ce livre quand vous êtes entré,* c'est le   **Plus-que-parfait**.

§ 330. — 3° Au *futur*. 1° L'action peut devoir se passer, tout simplement, dans n'importe quel avenir :

JE LIRAI *ce livre dans une heure, ce soir, demain,*   **Futur simple.**

§ 331. — 2° L'action aura lieu dans l'avenir, mais *antérieurement* à un moment prévu, et ce moment venu, elle sera passée :

J'AURAI LU *ce livre à 6 heures, dans 8 jours, à Pâques,*   **Futur antérieur.**

§ 332. — En tout 8 temps :

PRÉSENT :	Présent :	*Je lis.*
	Imparfait :	*Je lisais.*
	Passé défini :	*Je lus.*
PASSÉ :	Passé indéfini :	*J'ai lu.*
	Plus-que-parfait :	*J'avais lu.*
	Passé antérieur :	*J'eus lu.*
FUTUR :	Futur simple :	*Je lirai.*
	Futur antérieur :	*J'aurai lu.*

§ 333. — *Remarque.* Le mode *indicatif* seul a les huit temps ; les autres modes ne les ont pas, parce qu'ils n'en ont pas besoin.

Radical et Terminaison.

§ 334. — Le verbe devra donc indiquer, par ses variations :

le nombre,
la personne,
le mode,
le temps.

§ 335. — Pour le modifier si diversement, sans toutefois le rendre méconnaissable, le génie des langues a trouvé, d'instinct, le plus ingénieux des mécanismes.

§ 336. — Une portion du mot, celle dont le son· exprime d'une manière générale l'action, celle qui est comme la *racine* des mots :

> *aim.* — dans *aimer*,
>
> *fin.* — dans *finir*,
>
> *rec.* — dans *recevoir*,
>
> *rend.* — dans *rendre*,

cette racine des mots, qu'ot appelle en effet, du mot latin *radix* racine, le *radical*, demeure toujours le même à tous les nombres, à toutes les personnes, à tous les temps et à tous les modes.

§ 337 — L'autre partie au contraire, celle par laquelle le mot se termine, la *terminaison* seule varie et c'est elle qui se charge, par ses variations, de faire connaître les modes, les temps, les personnes et le nombre.

Par cette combinaison le but est atteint.

Verbes auxiliaires.

§ 338. — Toutefois l'esprit humain est, de sa nature, porté à simplifier.

Si les verbes avaient dû absolument varier à chaque personne, à chaque temps et à chaque mode, au pluriel et au singulier, il aurait fallu, pour les huit temps, pour les six modes et pour les 3 personnes du singulier et les 3 du pluriel, 8 fois 6 multiplié par 6, c'est-à-dire 258 variations différentes qui eussent été fortdifficiles à retenir...

§ 339. — Le génie des langues a tourné la difficulté : au lieu de multiplier ainsi les diversités de terminaison, il a eu recours à deux verbes, le verbe *être* et le verbe *avoir* et, en combinant tantôt l'un tantôt l'autre avec le *participe* passé de n'importe quel verbe, il a singulièrement simplifié la besogne. Ces deux verbes sont même d'un si efficace secours que leur nom vient des services qu'ils rendentaux langues. On les appelle du latin *auxilium* secours : *Verbes auxiliaires.*

Temps simples. — Temps composés.

§ 340. — Dès lors, à côté des *temps simples*, ceux dans lesquels le verbe est employé seul, se trouvent les *temps composés*, ceux dans lesquels l'expression se *compose* du participe passé et du verbe auxiliaire.

Les quatre Conjugaisons.

§ 341. — Ecrire ou réciter de suite les différents modes d'un verbe, avec leurs nombres, leurs personnes, leurs temps, cela s'appelle *conjuguer* le verbe.

§ 342. — Il eût été plus commode que tous les verbes se fussent conjugués sur un seul modèle ; mais la langue en eût été monotone et il ne faut point trop se plaindre d'avoir à retenir quatre conjugaisons différentes qui se distinguent les unes des autres par la terminaison de l'infinitif.

§ 343.— La 1ʳᵉ conjugaison a l'infinitif terminé en *er : aimer*.
  2ᵉ   »   »   »   *ir : finir*.
  3ᵉ   »   »   »   *oir : recevoir*.
  4ᵉ   »   »   »   *re : rendre*.

§ 344. — Certains grammairiens font dériver les temps les uns des autres, mais ces soi-disant règles de la formation des temps ne pouvant guère se raisonner, ne font que surcharger la mémoire ; nous n'en parlerons pas. Plus sûrement que la connaissance de ces règles, l'usage et la pratique apprennent à ne pas se tromper dans la conjugaison des verbes.

§ 245. — Mais il importe, avant toute autre chose de connaître la conjugaison des verbes auxiliaires, qui offre quelques particularités.

Le verbe *avoir* se sert à lui-même d'auxiliaire et sert d'auxiliaire au verbe *être*.

(Voir les tableaux suivants.)

RÈGLES DE LA FORMATION DES TEMPS

TEMPS PRIMITIFS	MODIFICATION	TEMPS DÉRIVÉS
L'Infinitif présent,	en changeant r, re, oir, en rai, forme.........	Le Futur indicatif.
	» » » en rais, »	Présent conditionnel.
Le Participe présent,	en changeant la terminaison ant en ais, forme..	Imparfait indicatif.
	» » » en e, » ..	Présent subjonctif.
Le Participe passé,	par sa combinaison avec les verbes auxiliaires, forme......	} Tous les temps composés.
L'Indicatif présent,	» » »	L'Impératif.
Le Passé défini,	» » »	Passé subjonctif.

§ 346. — VERBE AUXILIAIRE Avoir.

TEMPS SIMPLES	INFINITIF	PARTICIPE	INDICATIF	CONDITIONNEL	SUBJONCTIF	IMPÉRATIF
PRÉSENT	Avoir.	Ayant.	J' ai, Tu as, Il a, Nous avons, Vous avez, Ils ont.		Que j' aie, Que tu aies, Qu' il ait, Que nous ayons, Que vous ayez, Qu' ils aient.	Aie, Ayons, Ayez.
FUTUR			J' aurai, Tu auras, Il aura, Nous aurons, Vous aurez, Ils auront.	J' aurais, Tu aurais, Il aurait, Nous aurions, Vous auriez, Ils auraient,		
PASSÉ DÉFINI		Eu.	J' eus, Tu eus, Il eut, Nous eûmes, Vous eûtes, Ils eurent.		Que j' eusse, Que tu eusses, Qu' il eût, Que nous eussions, Que vous eussiez, Qu' ils eussent.	
IMPARFAIT			J' avais, Tu avais, Il avait, Nous avions, Vous aviez, Ils avaient.			

TEMPS COMPOSÉS

	PASSÉ INDÉFINI	FUTUR PASSÉ	PASSÉ ANTÉRIEUR	PLUS-QUE-PARF.
AVOIR EU				
AYANT EU	J' ai eu, Tu as eu, Il a eu, Nous avons eu, Vous avez eu, Ils ont eu.	J' aurai eu, Tu auras eu, Il aura eu, Nous aurons eu, Vous aurez eu, Ils auront eu.	J' eus eu, Tu eus eu, Il eut eu, Nous eûmes eu, Vous eûtes eu, Ils eurent eu.	J' avais eu, Tu avais eu, Il avait eu, Nous avions eu, Vous aviez eu, Ils avaient eu.
		J' aurais eu, Tu aurais eu, Il aurait eu, Nous aurions eu, Vous auriez eu, Ils auraient eu.		
	Que j' aie eu, Que tu aies eu, Qu'il ait eu, Que nous ayons eu, Que vous ayez eu, Qu'ils aient eu.		Que j' eusse eu, Que tu eusses eu, Qu'il eût eu, Que nous eussions eu, Que vous eussiez eu, Qu'ils eussent eu.	

§ 347. — VERBE AUXILIAIRE Être.

TEMPS SIMPLES

	INFINITIF.	PARTICIPE.	INDICATIF.	CONDITIONNEL.	SUBJONCTIF.	IMPÉRATIF.
PRÉSENT.	Être.	Étant.	Je suis, Tu es, Il est, Nous sommes, Vous êtes, Ils sont.		Que je sois, Que tu sois, Qu'il soit, Que nous soyons, Que vous soyez, Qu'ils soient.	Sois, Soyons, Soyez.
FUTUR.			Je serai, Tu seras, Il sera, Nous serons, Vous serez, Ils seront.	Je serais, Tu serais, Il serait, Nous serions, Vous seriez, Ils seraient.		
PASSÉ DÉFINI.		Été.	Je fus, Tu fus, Il fut, Nous fûmes, Vous fûtes, Ils furent.		Que je fusse, Que tu fusses, Qu'il fût, Que nous fussions, Que vous fussiez, Qu'ils fussent.	
IMPARFAIT.			J'étais, Tu étais, Il était, Nous étions, Vous étiez, Ils étaient.			

TEMPS COMPOSÉS

PLUS-QUE-PARF.

J' avais été,
Tu avais été,
Il avait été,
Nous avions été,
Vous aviez été,
Ils avaient été.

PASSÉ ANTÉRIEUR

J' eus été,
Tu eus été,
Il eut été,
Nous eûmes été,
Vous eûtes été,
Ils eurent été.

FUTUR PASSÉ

J' aurai été,
Tu auras été,
Il aura été,
Nous aurons été,
Vous aurez été,
Ils auront été.

PASSÉ INDÉFINI

J' ai été,
Tu as été,
Il a été,
Nous avons été,
Vous avez été,
Ils ont été.

AVOIR ÉTÉ

AYANT ÉTÉ

J' aurais été,
Tu aurais été,
Il aurait été,
Nous aurions été,
Vous auriez été,
Ils auraient été.

Que j' aie été,
Que tu aies été,
Qu' il ait été,
Que nous ayons été,
Que vous ayez été,
Qu' ils aient été.

Que j' eusse été,
Que tu eusses été,
Qu' il eût été,
Que nous eussions été,
Que vous eussiez été,
Qu' ils eussent été.

§ 348. — Iʳᵉ CONJUGAISON : VERBE **Aimer** (Modèle).

TEMPS SIMPLES

	INFINITIF	PARTICIPE	IMPÉRATIF	INDICATIF	CONDITIONNEL	SUBJONCTIF
PRÉSENT	Aim er	Aim ant	Aim e, Aim ons, Aim ez.	J' aim e, Tu aim es, Il aim e, Nous aim ons, Vous aim ez, Ils aim ent.		Que j' aim e, Que tu aim es, Qu' il aim e, Que nous aim ions, Que vous aim iez, Qu' ils aim ent.
IMPARFAIT				J' aim ais, Tu aim ais, Il aim ait, Nous aim ions, Vous aim iez, Ils aim aient.		
PASSÉ DÉFINI		Aimé		J' aim ai, Tu aim as, Il aim a, Nous aim âmes, Vous aim âtes, Ils aim èrent.		Que j' aim asse, Que tu aim asses, Qu' il aim ât, Que nous aim assions, Que vous aim assiez, Qu' ils aim assent.
FUTUR				J' aim e rai, Tu aim e ras, Il aim e ra, Nous aim e rons, Vous aim e rez, Ils aim e ront.	J' aim e rais, Tu aim e rais, Il aim e rait, Nous aim e rions, Vous aim e riez, Ils aim e raient.	

TEMPS COMPOSÉS

	PASSÉ INDÉFINI	PLUS-QUE-PARF.	PASSÉ ANTÉR.	FUTUR ANTÉR.	AVOIR AIMÉ	AYANT AIMÉ

PASSÉ INDÉFINI

J' ai aimé,
Tu as aimé,
Il a aimé,
Nous avons aimé,
Vous avez aimé,
Ils ont aimé.

Que j' aie aimé,
Que tu aies aimé,
Qu' il ait aimé,
Que nous ayons aimé,
Que vous ayez aimé,
Qu' ils aient aimé.

PLUS-QUE-PARF.

J' avais aimé,
Tu avais aimé,
Il avait aimé,
Nous avions aimé,
Vous aviez aimé,
Ils avaient aimé.

PASSÉ ANTÉR.

J' eus aimé,
Tu eus aimé,
Il eut aimé,
Nous eûmes aimé,
Vous eûtes aimé,
Ils eurent aimé.

J' eusse aimé,
Tu eusses aimé,
Il eût aimé,
Nous eussions aimé,
Vous eussiez aimé,
Ils eussent aimé.

Que j' eusse aimé,
Que tu eusses aimé,
Qu' il eût aimé,
Que nous eussions aimé
Que vous eussiez aimé
Qu' ils eussent aimé

FUTUR ANTÉR.

J' aurai aimé,
Tu auras aimé,
Il aura aimé,
Nous aurons aimé,
Vous aurez aimé,
Ils auront aimé.

J' aurais aimé,
Tu aurais aimé,
Il aurait aimé,
Nous aurions aimé,
Vous auriez aimé,
Ils auraient aimé.

Conjuguer sur AIMER : *Parler, Chanter, Changer, Prier, Travailler,* etc.

§ 349. — IIe CONJUGAISON : VERBE **Finir** (Modèle).

TEMPS SIMPLES	INFINITIF	PARTICIPE	IMPÉRATIF	INDICATIF	CONDITIONNEL	SUBJONCTIF
PRÉSENT	Fin ir	Fin iss ant	Fin is, Fin issons, Fin issez.	Je fin is, Tu fin is, Il fin it, Nous fin iss ons, Vous fin iss ez, Ils fin iss ent.		Que je fin iss e, Que tu fin iss es, Qu'il fin iss e, Que nous fin iss ions, Que vous fin iss iez, Qu'ils fin iss ent.
IMPARFAIT				Je fin iss ais, Tu fin iss ais, Il fin iss ait, Nous fin iss ions, Vous fin iss iez, Ils fin iss aient.		
FUTUR				Je fin i rai, Tu fin i ras, Il fin i ra, Nous fin i rons, Vous fin i rez, Ils fin i ront.	Je fin i rais, Tu fin i rais, Il fin i rait, Nous fin i rions, Vous fin i riez, Ils fin i raient.	
PASSÉ DÉFINI		Fin i		Je fin is, Tu fin is, Il fin it, Nous fin îmes, Vous fin îtes, Ils fin irent.		Que je fin iss e, Que tu fin iss es, Qu'il fin ît, Que nous fin iss ions, Que vous fin iss iez, Qu'ils fin iss ent.

TEMPS COMPOSÉS

	PASSÉ ANTÉR.	FUTUR ANTÉR.	PLUS-QUE-PARF.	PASSÉ INDÉFINI.
AVOIR FINI				
AYANT FINI				

J' eus fini,
Tu eus fini,
Il eut fini,
Nous eûmes fini,
Vous eûtes fini,
Ils eurent fini.

J' aurai fini,
Tu auras fini,
Il aura fini,
Nous aurons fini,
Vous aurez fini,
Ils auront fini.

J' avais fini,
Tu avais fini,
Il avait fini,
Nous avions fini,
Vous aviez fini,
Ils avaient fini.

J' ai fini,
Tu as fini,
Il a fini,
Nous avons fini,
Vous avez fini,
Ils ont fini.

J' aurais fini,
Tu aurais fini,
Il aurait fini,
Nous aurions fini,
Vous auriez fini,
Ils auraient fini.

Que j' aie fini,
Que tu aies fini,
Qu' il ait fini,
Que nous ayons fini,
Que vous ayez fini,
Qu' ils aient fini.

Que j' eusse fini,
Que tu eusses fini,
Qu' il eût fini,
Que nous eussions fini,
Que vous eussiez fini,
Qu' ils eussent fini.

Conjuguer sur FINIR : *Engloutir, Fournir, bâtir, Saisir, Flétrir*, etc.

§ 350. — IIIᵉ CONJUGAISON : VERBE **Recevoir** (Modèle).

	INFINITIF	PARTICIPE	IMPÉRATIF	INDICATIF	CONDITIONNEL	SUBJONCTIF
PRÉSENT	Rece voir	Recev ant	Re çois, Recev ons, Recev ez.	Je reç ois, Tu reç ois, Il reç oit, Nous rec ev ons, Vous rec ev ez, Ils reç oivent.		Que je reçoiv e, Que tu reçoiv es, Qu' il reçoiv e, Que nous recev ions, Que vous recev iez, Qu' ils reçoiv ent.
IMPARFAIT		Reç u		Je recev ais, Tu recev ais, Il recev ait, Nous recev ions, Vous recev iez, Ils recev aient.		
PASSÉ DÉFINI				Je reç us, Tu reç us, Il reç ut, Nous reç ûmes, Vous reç ûtes, Ils reç urent.		Que je reç usse, Que tu reç usses, Qu' il reç ût, Que nous reç ussions, Que vous reç ussiez, Qu' ils reç ussent.
FUTUR				Je recev rai, Tu recev ras, Il recev ra, Nous recev rons, Vous recev rez, Ils recev ront.	Je recev rais, Tu recev rais, Il recev rait, Nous recev rions, Vous recev riez, Ils recev raient.	

TEMPS SIMPLES

§ 551. — IV° CONJUGAISON : VERBE rendre (modèle).

TEMPS SIMPLES

	INFINITIF	PARTICIPE	IMPÉRATIF	INDICATIF	CONDITIONNEL	SUBJONCTIF
PRÉSENT	RENDRE	RENDANT	Rends, Rendons, Rendez.	Je rends, Tu rends, Il rend, Nous rendons, Vous rendez, Ils rendent.		(Que) je rende, (Que) tu rendes, (Qu') il rende, (Que) nous rendions, (Que) vous rendiez, (Qu') ils rendent.
IMPARFAIT				Je rendais, Tu rendais, Il rendait, Nous rendions, Vous rendiez, Ils rendaient.		
FUTUR				Je rendrai, Tu rendras, Il rendra, Nous rendrons, Vous rendrez, Ils rendront.	Je rendrais, Tu rendrais, Il rendrait, Nous rendrions, Vous rendriez, Ils rendraient.	
PASSÉ DÉFINI		RENDU		Je rendis, Tu rendis, Il rendit, Nous rendîmes, Vous rendîtes, Ils rendirent.		(Que) je rendisse, (Que) tu rendisses, (Qu') il rendît, (Que) nous rendissions, (Que) vous rendissiez, (Qu') ils rendissent.

Conjugaison d'un verbe au passif.

§ 352. — Tout verbe transitif ou actif peut revêtir la *forme passive*, c'est-à-dire une forme telle que le sujet, au lieu de faire supporter l'action, la supporte; au lieu de la produire, la reçoive :

> Samuel AIMAIT *Dieu* (forme active).
>
> Samuel ÉTAIT AIMÉ *de Dieu* (forme passive.)

§ 353. — Comme on voit, la conjugaison d'un verbe passif n'est autre que la conjugaison même du verbe *être* accompagné à tous les temps du participe passé du verbe.

§ 354. — Seulement ce participe passé, ici véritable adjectif, suit naturellement la règle des adjectifs, il s'accorde avec le sujet :

> La ville fut PRISE *d'assaut* (*prise* fém. sing.)
>
> Les ennemis ont été EXPULSÉS (*expulsés* masc. plur.)
>
> Les murailles étaient BOMBARDÉES (fém. plur.)

§ 355. — Après ce qui vient d'être dit, il est à peine besoin d'apprendre à conjuguer les verbes passifs.

Nous nous contenterons de donner ici le présent de l'indicatif du verbe *aimer*.

CONJUGAISON PASSIVE DU VERBE **Aimer.** (Modèle.)

Indicatif présent.

M. S.	Je suis aimé,	*F. S.* Je suis aimée,
	Tu es aimé,	Tu es aimée,
	Il est aimé.	Elle est aimée.
M. P.	Nous sommes aimés,	*F. P.* Nous sommes aimées,
	Vous êtes aimés,	Vous êtes aimées,
	Ils sont aimés.	Elles sont aimées.

VERBES INTRANSITIFS.

§ 356. — Les verbes *intransitifs* ou *neutres* se conjuguent tantôt avec *avoir* — ce qui ne présente aucune difficulté — tantôt avec *être*.

Ici encore le *participe passé* est, dans les temps composés, parfaitement assimimilé à un adjectif et *s'accorde avec le sujet*.

MODÈLE DE CONJUGAISON D'UN VERBE INTRANSITIF AVEC **être**.

Passé défini.

M. S. Je suis venu, Tu es venu, Il est venu.	*F. S.* Je suis venue, Tu es venue, Elle est venue.
M. P. Nous sommes venus, Vous êtes venus, Ils sont venus.	*F. P.* Nous sommes venues. Vous êtes venues. Elles sont venues.

MODÈLE DE CONJUGAISON D'UN VERBE RÉFLÉCHI OU PRONOMINAL.

§ 357. — Les verbes réfléchis sont ceux dans lesquels le sujet fait l'action et se le fait à lui-même. L'action est ainsi *réfléchie* en quelque sorte vers le sujet : de là le nom de ces verbes.

§ 358. — Le sujet, qui doit en même temps être le complément du verbe, se fait représenter par un pronom dans son rôle de complément. Voilà pourquoi, excepté quand le sujet est un nom, ces verbes nous paraissent affublés d'un double pronom, sous la forme suivante :

> *Je me flatte,*
>
> *Nous nous sommes promenés.*

le premier, sujet; le second complément.

§ 359. — Il faut seulement s'habituer à bien distinguer le cas dans lequel ce deuxième pronom est *complément direct* du cas où il est *complément indirect*. Dans ce dernier cas, il dissimule toujours une préposition : le mot *à* est sous-entendu.

§ 360 — Ex. 1º *Il se disait prêt à tout braver (se* complément direct) équivaut à : *Il disait soi* prêt à tout braver.

2º *Il se disait que la vie est pénible,* équivaut à : *Il disait à lui-même* que la vie... (*se* complément indirect).

3º *La princesse, dans ce tableau,* S'ÉTAIT REPRÉSENTÉE *debout,* équivaut à : *avait représenté* ELLE (complément direct).

4º La princesse *s'était représenté* la chose autrement, équivaut à *avait représenté* A ELLE (*se* complém. indir). (S'exercer.)

§ 361. — CONCLUSION. Les verbes pronominaux, toujours conjugués avec *être,* sont, au fond, *censés conjugués avec avoir,* et c'est *en les tournant par avoir* qu'on peut bien préciser leur sens et, nous le verrons plus loin, l'orthographe de leurs temps composés.

§ 362. — MODÈLE DE CONJUGAISON D'UN VERBE PRONOMINAL.

Passé défini.

1er cas : 2e pron., compl. dir.		2e cas : 2e pron., compl. indir.
Je me suis flatté		Je me suis figuré... que.
Tu t'es flatté	ou	Tu t'es figuré...
Il s'est flatté	flattées flattée	Il s'est figuré...
Nous nous sommes flattés		Nous nous sommes figuré...
Vous vous êtes flattés	ou	Vous vous êtes figuré...
Ils se sont flattés		Ils se sont figuré...

MODÈLE DE LA CONJUGAISON D'UN VERBE IMPERSONNEL.

§ 363. — Les verbes impersonnels sont ceux qui n'ont que le sujet vague, indéfini *il* et ne s'emploient qu'à cette troisième personne. — *Ils n'ont pas de complément direct.*

VERBE pleuvoir.

INFINITIF — Prés. : *pleuvoir.* — Passé : avoir plu.

PARTICIPE — Prés. : pleuvant. — Passé : plu.

Pas d'IMPÉRATIF.

	INDICATIF	CONDITIONNEL	SUBJONCTIF
Présent.	Il pleut,	Il pleuvrait.	Qu'il pleuve,
Imparfait.	Il pleuvait,		
Passé défini.	Il plut,		Qu'il plût,
Passé indéfini.	Il a plu,		Qu'il ait plu,
Pl.-que-parf.	Il avait plu,	Il aurait plu.	
Passé antér.	Il eut plu,		Qu'il eût plu.
Futur.	Il pleuvra,		
Futur antér.	Il aura plu.		

VERBES IRRÉGULIERS.

§ 364. — Sont dits *irréguliers* les verbes qui ne suivent pas exactement l'une des quatre conjugaisons que nous avons données pour modèle.

VERBES DÉFECTIFS.

§ 365. — Sont dits *défectifs* (du latin *deficiio* je manque de...) les verbes qui manquent de certains temps ou seulement de certaines personnes.

§ 366. — Il n'y a guère en français qu'une vingtaine de verbes irréguliers ou défectifs. Il faut y comprendre les verbes *être* et *avoir* déjà connus ; et il va sans dire que les verbes *composés* (comme *retenir*) se conjuguent comme leurs simples (*tenir*).

§ 367. — On trouvera ces verbes dans le *Dictionnaire*.

Règles concernant les verbes.

§ 368. — *Règle I.* Invariablement *tout verbe s'accorde avec son sujet* (excepté naturellement à l'infinitif, où il n'y a pas de sujet, et au participe où ce n'est plus tout à fait un verbe et qui a ses règles spéciales).

C'est-à-dire que si le sujet est au sing., le verbe y est aussi.

»	»	au plur.,	»	»
»	»	à la 1re pers.	»	»
»	»	à la 2e pers.	»	»
»	»	à la 3e pers.	»	»

Ex. : C'est moi *qui suis* le roi.

§ 369. — *Règle II. Si le verbe a plusieurs sujets*, comme c'est à un *pluriel* qu'il se rapporte en réalité, *le verbe se met au pluriel*.

Ex. : *Mon frère et ma sœur* LISENT.

§ 370. — *Remarque.* Le plus ordinairement le sujet précède le verbe. Mais il peut aussi ne venir qu'après.

Ex. : 1° Quand on interroge, toujours :

Et que M'A FAIT, *à moi,* CETTE TROIE *où je cours ?*

2° Quand cela accommode mieux :

..... *Ils blasphèment le nom* QU'ONT ADORÉ LEURS PÈRES. (Racine.)

3° Quand on veut donner plus d'ampleur à la phrase :

RESTAIT CETTE REDOUTABLE INFANTERIE *de l'armée d'Espagne.* (Bossuet,)

(S'exercer.)

§ 371. — *Remarque sur l'infinitif.* L'infinitif est comme le nom même du verbe ou, si l'on veut, de l'action.

Il n'a point de sujet. Il ne varie pas.

Il est parfois traité comme un véritable nom, et, comme tel, il paraît avec un article.

Ex. :   Et le financier se plaignait
Que les soins de la Providence
N'eussent pas au marché fait vendre *le dormir*
Comme *le manger* et *le boire.*

§ 372. — En grec, c'est presque toujours ainsi qu'il est employé.

DU PARTICIPE.

(Méthode simplifiée.)

§ 373. — L'élève est censé savoir *imperturbablement* reconnaître :

1° Le sujet
2° Le complément direct } de n'importe quel verbe.
3° Le complément indirect

§ 374. — Faire à cet égard de longs et sérieux exercices.

§ 375. — Se rappeler que le nom de *participe* lui vient de ce qu'il est tout ensemble un peu verbe et un peu adjectif, de ce qu'il *participe* de cette double nature :

Verbe, par origine ;
Adjectif, par position.

Qu'il pourra dès lors être *plutôt verbe* ou *plutôt adjectif*, et se doit comporter suivant sa nature. (S'exercer).

Lire attentivement les pages suivantes.

1° PARTICIPE PRÉSENT.

§ 377.— *Exercices.*

Participe présent.

(a) ADJECTIF.	(b) VERBE.
1° Il n'y a que les sots qui prennent un air *insultant*.	1° Ce n'est point en *insultant* votre prochain que vous serez charitable.
2° Les troupes *assiégeantes* se retirèrent.	2° Richard-Cœur-de-Lion périt en *assiégeant* le château de Chalus.
3° Ces deux couleurs sont fort *approchantes* l'une de l'autre.	3° En *approchant* de Paris, on sent qu'on arrive à la capitale.
4° Une fièvre *brûlante* ne l'a pas laissé fermer l'œil.	4° On le surprit *brûlant* toutes ses lettres.
5° Il a reçu d'*éclatants* honneurs.	5° Les bombes *éclatant* avec bruit, faisaient de grands ravages.
6° Les pauvres captifs étaient tout *tremblants*.	6° Les feuilles en *tremblant* murmuraient.

§ 378. — *Recette.*

1° Le participe présent *adjectif* (adj. verbal) peut être assimilé à un adjectif quelconque : *grand, petit, rouge, vert,* etc.

(S'exercer.)

Ex. : *Les pauvres captifs étaient tout* TREMBLANTS.

» » » *tout* PALES (adj.).

2° Le participe passé *verbe* peut être remplacé par le verbe lui-même à un autre temps.

(S'exercer.)

Ex. : *Les feuilles,* EN TREMBLANT, *murmuraient.*

» QUI TREMBLAIENT...

On le surprit BRULANT *les lettres.*

» QUI BRULAIT...

Règle.

1° Participe présent adjectif.

§ 379.— *Le participe présent adjectif, l'adjectif verbal s'accorde,* comme fait tout adjectif, *avec le nom (ou le pronom) auquel il se rapporte.*

2° Participe présent verbe.

§ 380. — *Le participe présent verbe ne varie jamais* (il s'écrit toujours par *ant* invariablement).

2° PARTICIPE PASSÉ.

§ 381. — *Exercices.*

Participe passé.

(a) ADJECTIF.	(b) VERBE.
1° Ce sont des gens bien *unis* entr'eux.	1° Les ennemis avaient *uni* leurs forces.
2° Ces hommes ont une valeur *éprouvée.*	2° Jésus avait *éprouvé* la fidélité de saint Pierre.
3° Cette nouvelle, *répandue* aussitôt nous consterne.	3° Les fleurs qu'il avait *répandues* sur la tombe de son maître.
4° Notez les sommes qui sont *dues* par mon frère.	4° Vous auriez *dû* me prévenir de ce fait.
5° Les ennemis *vaincus* se retirèrent.	5° Napoléon I*er* a *vaincu* tous les obstacles.
6° Les événements *prévus* se sont accomplis.	6° Les événements qu'on avait *prévus* s'accomplissent.
7° Ces terres ont été *vendues* à bas prix.	7° La maison de campagne que j'ai *vendue* est très-belle.

§ 382. — *Recette.*

1° Le participe passé *adjectif* peut toujours être assimilé à un adjectif quelconque : *grand, petit, jaune, vert...*

(S'exercer.)

Ex. : *Les terres ont été* VENDUES.

»   ARGILEUSES (adj.)

Les événements PRÉVUS *seront accomplis.*

»   TERRIBLES (adj.)   »

2° Le participe passé véritablement *verbe* est toujours accompagné ou censé accompagné de l'auxiliaire *avoir.*

(S'exercer.)

Ex. : *Napoléon I*er *a* VAINCU *tous les obstacles.*

La maison que j'ai VENDUE *est très-belle.*

Je me suis RETIRÉ *des affaires* (j'ai retiré moi).

Règle.

1° Participe passé adjectif.

§ 383. — *Le participe passé adjectif* — qui se trouve précédé ou bien accompagné du verbe *être*, — *s'accorde*, comme fait tout adjectif, *avec le nom ou le pronom auquel il se rapporte.*

Participe passé verbe.

§ 284. — *Le participe passé verbe* — qui se trouve toujours accompagné ou censé accompagné de l'auxiliaire *avoir* — peut

se trouver dans deux cas différents d'où dépend son orthographe.

Pour le bien comprendre, qu'on se rappelle que le participe
passé est un verbe, et que, par conséquent, le mot avec lequel
il est le plus intimement lié c'est celui sur lequel l'action
exprimée s'exerce, c'est le complément direct.

§ 285. — Le participe passé verbe, autrement dit : le participe passé conjugué ou censé (dans les verbes pronominaux)
conjugué avec *avoir*, sera donc *en rapport avec son complément
direct.*

§ 386. — Maintenant : 1° *si le complément direct est placé
après le participe passé*, comme dans cette phrase :

> J'ai MANGÉ *des confitures*,
>
> J'ai FAIT *une poésie*,

le rapport entre le participe et son complément est si facile à
saisir, si immédiat, si inéquivoque, qu'il n'y a guère moyen
de s'y tromper et qu'il serait complètement inutile de changer
quelque chose au participe pour l'indiquer.

> J'ai mangé... quoi?... des confitures.
>
> J'ai fait... quoi?... une poésie.

Cela se comprend tout seul.

§ 387. — 2° Mais *si le complément direct est placé avant le
participe passé,* comme dans cette phrase :

> *Les poires que j'ai* MANGÉES,
>
> *La fleur que nous avons* CUEILLIE.

Comme le rapport, ainsi renversé, du verbe, c'est-à-dire de
participer, avec le mot sur lequel s'exerce l'action, c'est-à-dire
le complément direct, est moins facile à saisir, il est naturel,
il est juste qu'on l'indique sur le participe lui-même par les
signes ordinaires du nombre et du genre qui montrent qu'il
s'accorde avec le complément direct.

D'où se déduisent les deux règles suivantes :

Règles du participe passé conjugué avec AVOIR.

§ 388. — Le participe passé conjugué avec *avoir* :

1° *Reste invariable s'il est suivi de son complément direct;*

2° *S'accorde avec son complément direct, s'il en est précédé.*

§ 889. — *Remarque*. Le complément direct qui précède le participe est toujours un pronom, s'accordant lui-même avec un nom.

§ 390. — **Remarque importante.**

Tous les cas, réputés difficiles, dont les grammairiens ont illustré ou plutôt encombré leurs grammaires, peuvent se ramener avec un peu d'attention aux deux cas qui précèdent et ne plus laisser place à aucune indécision.

§ 391. — Qu'on apprenne à se demander :
1° Mon participe est-il conjugué avec *avoir?*
2° A-t-il un complément direct?
3° Où est son complément direct?

      (*a*) Après lui, — fixité.
      (*b*) Avant lui, — accord.

§ 392. — Exemples.

1°

Les cinq heures que j'ai donné.
Que paraît être complément direct, mais il est en réalité complément indirect, étant mis pour *pendant lesquelles.*

2°

Quatre rois s'étaient succédé qui...
Se qui paraît être complément direct, n'est en réalité que complément indirect, étant pris pour (ont succédé) *à eux.*

3°

Ils se sont échappés de prison.
Ils ont échappé qui *eux, se* complément direct, masculin pluriel.

4°

Les chaleurs qu'il a fait.
Il a fait veut dire ici seulement : *il a existé, il s'est produit* abstraitement et *les chaleurs* ne sont donc pas un régime direct.

5°

La réponse que j'avais prévu qu'on vous ferait. J'avais prévu quoi? Non pas *la réponse,* mais *qu'on vous ferait* la réponse.

6°

L'affaire fut moins sérieuse que je ne l'avais pensé. J'avais pensé quoi? le c'est-à-dire *cela,* ou : ou que l'affaire serait sérieuse.

7°

La femme que j'ai entendu chanter. J'ai entendu quoi ? non pas *chanter*, mais *la femme* qui chantait

8°

La romance que j'ai entendu chanter. J'ai entendu quoi ? non pas *la romance*, mais *chanter la romance.*

9°

Je les ai laissés partir. J'ai laissé quoi ? non pas partir *eux*, mais EUX partir.

10°

Ils se sont laissé surprendre. Ils ont laissé quoi ? non pas *eux*, mais *surprendre* eux-mêmes.

11°

On les avait bien fait parler. Fait quoi ? *Parler.*

12°

Je lui ai rendu
tous les services
}
que j'ai pu,
que j'ai su,
que j'ai dû,
que j'ai voulu,
{
Quoi
lui rendre
sous-entendu.

13°

Le peu d'affection que vous lui AVEZ TÉMOIGNÉ *lui a rendu l'espérance.*
Vous lui avez témoigné quoi ? *l'affection* mais en petite quantité.

14°

Le peu d'affection que vous lui AVEZ TÉMOIGNÉ *l'a jeté dans le désespoir.*
Vous lui avez témoigné quoi ? *le peu*, désespérant de n'importe quoi, d'affection.

15°

Le grand nombre de fautes que j'ai remarqué.
J'ai remarqué quoi ? *le grand nombre* de fautes.

16°

Un grand nombre de fautes se sont glissées dans votre dictée.
Ont glissé quoi ? *elles-mêmes*, se non pas leur grand nombre.

APPENDICE

—

PARTICULARITÉS SUR CHAQUE ESPÈCE DE MOTS.

§ 393. — OBSERVATION GÉNÉRALE. — L'espèce des mots tient à leur emploi plus encore qu'à leur nature.

Le même mot peut être employé comme *adjectif* et comme *substantif*, comme *verbe* et comme *nom*, comme *adverbe* et comme *pronom*, etc.

Il suit naturellement les règles afférentes à la classe de mots dans laquelle il se range accidentellement par son emploi.

§ 394. — Si l'on prend soin de bien constater son rôle, les particularités qui le concernent se justifient presque toujours d'elles-mêmes.

I. Noms.

1° Mots variant de genre suivant le sens ou le nombre.

§ 395. *Amour* | | f. au pl. dans le sens d'attachement d'un sexe
Délice } masc. au sing. { pour l'autre.
Orgue | | fém. au pluriel.

§ 396. *Aigle* { fém. = enseigne, drapeau.
{ masc. = oiseau.

§ 397. *Enfant* } m. } suivant le sexe.
f. }

§ 398. *Foudre* { m. = un héros guerrier, un homme distingué.
{ f. = le tonnerre.

§ 399. *Gens*, toujours plur. { masc. quand l'adjectif le suit.
{ fém. quand l'adjectif le précède.

§ 400. *Hymne.* { f. = Chant d'église.
{ m. = Chant quelconque.

2° Noms propres.

§ 401. — Il n'y a pas de raison pour que les noms propres aient un pluriel.
Les deux CORNEILLE *sont nés à Rouen.*

§ 402. — Et pour les y mettre, il faut qu'on veuille insister sur l'idée de pluralité.
Les Bourbons (la famille *des*).
La France a eu ses Césars (hommes aussi vaillants que...)

3° Noms étrangers.

§ 403. — Les noms étrangers parfaitement intronisés dans la langue, qui ont pour ainsi dire reçu droit de cité chez nous, sont considérés et traités comme français.

Ils peuvent se mettre au pluriel.

Des *albums* (du latin).

Des *accessits* (id.).

Des *lazzis* (de l'italien).

Des *macaronis* (id.).

§ 404. — Ceux qui ne sont employés que plus rarement hésitent encore à se soumettre à la règle générale, et chacun est libre de les écrire comme il l'entend.

4° *Mots invariables devenus des noms.*

§ 405. — Les mots invariables employés comme des noms conservent, dans cette condition nouvelle, et avec raison, leur invariabilité.

Les *pourquoi* et les *parce que.*

5° *Noms composés.*

§ 406. — 1. Décomposez le nom et traitez chacune de ses parties à part et suivant sa nature ou son sens.

Ex. : un porte-plumes, des porte-plumes.

un chef-d œuvre, des chefs-d'œuvre.

§ 407. — 2.

Vice		des *vice-rois.*
Semi	mots latins invariables	des *semi-tons.*
Quasi	demeurant invariables en composition.	des *quasi-délit.*
Ex		des *ex-voto.*

II. Articles.

1. A part les articles *simples* et les articles composés :

Les articles *indéfinis.*	Les articles *partitifs.*
S. P.	S P
1. LE *vins,* LES *vins.*	L' *eau,* LES *eaux* (article simple).
2. UN *vin,* DES *vins,*	UNE *eau,* DES *eaux* (art. indéfini).
3. DU *vin* (une partie).	DE *l'eau* (une partie).

Ce dernier article, *du* vin, *de* l'eau, qui s'emploie quand on parle d'une manière générale, et semble indiquer qu'il est question *d'une partie quelconque du tout,* de tout le vin, de toute l'eau par exemple, sont dits *articles partitifs.*

2. Après les verbes *j'ai besoin* et *je manque,* employez la préposition *de* tout court, sans article.

3. Après les adverbes de quantité, *beaucoup, peu,* etc., employez aussi *de* tout court.

.Di tes

DES *garçons,* DES *filles,*

avec l'article indéfini ; mais si le nom est précédé d'un adjectif, dites :

DE *jolis garçons,* DE *charmantes filles.*

5. Dans LE *mieux* et LE *plus* qui sont des adverbes au superlatif, l'article LE est invariable en tant qu'adverbe. Distinguer le cas où ils sont vraiment adverbe en les assimilant à *extrêmement*.

III. Adjectifs.

1. Après les comparatifs, facilement reconnaissables à la présence des mots *plus que, moins que,* employez, devant le verbe qui peut le suivre, la forme hésitative *ne.*

Cette maison est plus haute que vous ne pensez.

2. *Nu* et *demi* devant un nom sont invariables.

3. *Feu* (défunt = *fut, il fut*) ; aussi, excepté lorsqu'il est entre un article et un nom (*feu le roi, la feue reine*).

4. Attention aux adjectifs employés comme des noms.
LE SAGE *est toujours heureux.*

5. Attention aux adjectifs employés comme adverbes :
Les fleurs sentent BON *et coûtent* CHER.

6. *Même* (Adjectif se rapporte à quelque chose.
(Adverbe = *aussi.*

7. *Tout* { Adjectif se rapporte à quelque chose.
{ Adverbe = *totalement, pour aussi.* — Adverbe, il varie par force, au fém. devant les consonnes, *toute* grande.

8. *Quelque* { adj. se rapporte à quelq. chose. | Ne pas confondre avec *quel que,*
{ Adv. = *aussi.* | en deux mots essayer le plur.

IV. Pronoms.

OBSERVATION GÉNÉRALE. — Dans le langage aucun mot ne joue double rôle. Les mots qui sont forcés de jouer plusieurs rôles se font représenter par des *pronoms.*

1. *Soi,* pronom vague, correspond à ces autres pronoms vagues : { On, Quiconque, Nul, Personne, Chacun,
est employé dans les expressions dont le sens est vague et général.

2. *Y* (pronom = de la chose en question.
(Adverbe = dans cet endroit.

3. *En* { pronom = de la chose en question.
{ Préposition = dans.
{ Adverbe = de cet endroit-là.

Y et *en*, pronoms, se disent de préférence des animaux ou des choses, *lequel, laquelle.*

4. *On* est du genre et du nombre du mot sous-entendu qu'il représente.

5. *Personne* $\begin{cases} \text{nom commun} = \text{homme ou femme.} \\ \text{pronom} = \text{nul (toujours masculin).} \end{cases}$

V. Verbes.

OBSERVATION GÉNÉRALE. — Le verbe s'accorde avec son sujet. Chercher le sujet. Se demander ce qu'il est réellement dans la pensée, lorsqu'on rencontre un cas douteux.

1. Ex. : *Un grand nombre d'oiseaux faisaient résonner ces bocages de leurs doux chants.*

Qui faisait résonner? Ce n'était pas le grand nombre d'oiseaux, mais *les oiseaux* (qui se trouvaient en grand nombre).

2. Ex. : *La quantité de fourmis était si grande que la récolte fut détruite.*

Qui était grande, les fourmis? Non; la *quantité.*

3. Relier toujours le complément indirect à ses verbes *par la préposition que dernier affectionne.*

Ex. : Nuire *à*, S'emparer *de*,
Parler *à* ou *de*, Obliger *de* ou *à*,
Entrer *dans*, Sortir *de*.

4. Plusieurs verbes neutres se conjuguent de préférence avec *avoir* quand on insiste sur le *fait*, et avec le verbe *être* quand on insiste sur l'*état.*
Elle a disparu subitement.
Elle est disparue depuis trois semaines.

5. Après les verbes qui expriment une idée de volonté, de commandement, de désir, de doute, de crainte, d'incertitude sur le résultat, comme le second verbe est ainsi sous la dépendance du premier, mettez-le au temps correspondant du subjonctif.

6. Après le verbe *craindre* gouvernant un subjonctif, employez devant ce dernier la particule *ne*, signe d'hésitation :
Je crains qu'il ne pleure.

VI. Adverbes.

Formation des adverbes en MENT.

Les adverbes de manière terminés en *ment* sont presque tous formés d'un adjectif au féminin avec addition de la terminaison *ment* :
Grand, grande, grandement.
Quelquefois avec contraction de deux syllabes en une, de la façon suivante :
Prudent, prudente, prudentement, prudemment.
Abondant, abondante, abondantement, abondamment.

Quand l'adjectif est terminé par une voyelle, ils devraient, d'après la règle, faire :

Infinie, infinie, infiniement.

On s'est contenté longtemps d'allonger la voyelle en la surmontant d'un accent circonflexe :

Infiniment.

Puis on a même supprimé cette besogne peu utile :

Poli, polie, poliment.

Vrai, vraie, vraiment.

Et, dans ce cas, il n'y a qu'à ajouter au masculin la terminaison *ment*

VII. Conjonctions.

1.
- *Parce que = puisque.*
- *Parce que = par la chose que.*

2.
- *Quoique, conj. = bien que.*
- *Quoi que, pron. relat. et conj. = quelque chose que.*

3.
- *Quand, conj. = lorsque.*
- *Quant à, prép. = à l'égard de*

VIII. Interjections.

H en avant quand le son est sec : ha, hé, ho !

H après quand le son est traînant : ah, eh, oh !

FIN

VII. Conjunctions.

(ii) Interjections.

Saint-Etienne, imp. MONTAGNY, rue de Lodi, 2.

www.ingramcontent.com/pod-product-compliance
Lightning Source LLC
Chambersburg PA
CBHW052043270326
41931CB00012B/2603